U0899521

丛书主编 黄宪起
丛书副主编 张 伟

国外智库研究要览

黄振威◎编著

中共中央党校出版社
The Central Party School Publishing House

图书在版编目（CIP）数据

国外智库研究要览/黄振威编著．--北京：中共中央党校出版社，2017.6

（智库研究丛书）

ISBN 978-7-5035-5992-1

Ⅰ.①国… Ⅱ.①黄… Ⅲ.①咨询机构-研究-世界 Ⅳ.①C932.1

中国版本图书馆 CIP 数据核字（2016）第 285121 号

国外智库研究要览

策划统筹 曲 炜
责任编辑 楚双志 王 琪
版式设计 尉红民
责任印制 王洪霞
责任校对 魏学静
出版发行 中共中央党校出版社
地　　址 北京市海淀区大有庄 100 号
电　　话 （010）62805830（总编室）　（010）62805821（发行部）
　　　　　（010）62805034（网络销售）　（010）62805822（读者服务部）
传　　真 （010）62881868
经　　销 全国新华书店
印　　刷 三河市华润印刷有限公司
开　　本 700 毫米×1000 毫米 1/16
字　　数 200 千字
印　　张 14.5
版　　次 2017 年 6 月第 1 版　2017 年 6 月第 1 次印刷
定　　价 43.00 元

网　　址：www.dxcbs.net　**邮　　箱**：cbs@ccps.gov.cn
微 信 ID：中共中央党校出版社　**新浪微博**：@党校出版社

智库研究丛书

〉〉〉总 序

纵观当今世界各国现代化发展历程，智库在国家治理中发挥着越来越重要的作用，体现了一个国家的综合实力。智库不仅作为公共政策咨询体系的“硬”支撑，同时也是协商民主广泛多层制度化发展的助推器，是引领社会思潮、启发民智的思想库，是联通政学两界高端人才的旋转门，是政府与社会有效互动的纽带，是国际合作共赢的沟通平台，是撬动全球竞争格局的杠杆。无论在各国的国内事务领域还是在国际政治经济舞台上，都活跃着一大批智库的身影。智库日益成为国家治理、全球治理体系中不可或缺的组成部分。

对于现代中国，智库建设显得尤其迫切。在政府决策中，我国历来重视发挥专家咨询的作用，一些具有智库性质的机构也一直承担着一定的“辅政”功能。但随着当前形势发展，破解改革发展稳定难题、应对全球性问题的复杂性艰巨性前所未有，相对于当前各领域决策科学化民主化的迫切需求，相对于现代国际智库整体发展水平，我国传统智库体系发展已经严重滞后，智库建设跟不上、不适应现象日益突出。为推动国家治理体系和治理能力现代化、增强国家软实力，尽快实现中国智库建设现代化，其意义重大、刻不容缓。

当前，中国特色新型智库建设进入“春天”。尤其党的十八大以来，以习近平同志为核心的党中央高度重视智库建设，要求把智库作为国家软实力的重要组成部分，智库建设被提升到国家战略的层次和高度。2013年11月，党的十八届三中全会通过的《中共中央关于全面深化改革若干重大问题的决定》首次提出，“加强中国特色新型智库建设，建立健全决策咨询制度”。2014年10月27日，习近平总书记在中央全面深化改革领导小组第六次会议审议《关于加强中国特色新型智库建设的意见》时指出：我们进行治国理政，必须善于集中各方面智慧、凝聚最广泛力量。改革发展任务越是艰巨繁重，越需要强大的智力支持。2015年1月，中共中央办公厅、国务院办公厅专门印发《关于加强中国特色新型智库建设的意见》，作为中国特色新型智库体系建设的总方案，中国特色新型智库建设迎来历史上前所未有的战略机遇，迅速形成中央积极引导、各地方各部门踊跃投入的氛围。2015年11月，中央全面深化改革领导小组第十八次会议通过《国家高端智库建设试点工作方案》，共有25家机构入选首批国家高端智库建设试点单位。

在中国特色新型高端智库发展新格局中，中央党校具有格外重要的位置和优势。在中央和国家支持下，中央党校实施了“创新工程”，把智库建设作为与教学并列的两大创新主题之一，足见中央党校对智库建设的重视。被明确列入先行开展试点建设的国家高端智库名单，对中央党校智库建设又是一个巨大推动。中央党校有条件、有能力建设国家亟须、特色鲜明、制度创新、影响突出、引领发展的新型高端智库，并在智库研究领域发挥排头兵作用。

当前，我们对于中国特色新型智库的研究和认识整体上仍处于初始阶段，难免存在诸多理论误区和困惑。对于如何着手开展中国特色智库建设，难免出现一哄而起、无所适从的现象。如果不能及时广开言路、开阔视野、紧贴中国现实深入开展研究讨论，将不利于我国智库建设进程的顺利推进和长远发展。近两年来，国内智库研究呈迅速增长态势，但总体上，关于智库的学术成果数量还比较少；我们仍然主要处于借鉴学习阶段，尤其是对美国智库建设的借鉴学习比较多；核心作者数量不多，整体研究力量仍显薄弱；研究成果的整体学术质量有待提高，经验性、应用性、普及性的研究成果比例较高；研究主题散乱现象比较明显，规范性、系统性、理论性方面存在欠缺，[①] 尤其是对智库专门的系统的学术研究，至今还是空白。

为推动中国特色新型智库的建设实践和理论研究，我们酝酿策划了这套丛书，首批推出九本，试图从多个研究视角对智库建设进行剖析。其中，《新型智库基本问题研究》就我国智库建设中的一些重大理论问题，尤其是一些容易形成理论误区的基本问题进行分析；《中国特色新型智库研究概览》选编了近期有关中国特色新型智库建设的观点著述，包括高层论述、论坛研讨、学术观点、国外经验等；《智库能力评价与创新》就当前国内外关于智库能力评价的经验做法进行梳理，提出关于中国智库能力的新框架，并相应就如何进行智库能力创新进行探讨；《智库协同创新研究》基于中国智库机构的“条条化”特点，以党校系统为例，探索智库协同创新问题；《智库建设法治化研究》基于国外智库建设法治化实践经验，探讨了如何促进中国智库法治化的目标与路径；《国际智库发展模式》从政策参与、影响社会、制度促进、组织管理、项目管理、全球化发展等角度，探讨了国际智库的发展经验；《中国民间智库发展研究》探讨了中国民间智库发展的历程、现状、制度环境、困境、策略等，并借鉴国外经验，提出中国民间智库发展的对策；《智库研究与管理方法》从微观层面入手，对智库研究方法和智库管理方法进行了梳理；《国外智库研究要览》从多个层面和角度汇集了国外关于智库的

① 参见邱均平：《中国智库理论研究的最新进展与趋势》，《重庆大学学报（社会科学版）》2016 年第 2 期。

学术研究现状、成果、经验等。

本丛书作者以中青年学者为主，他们在已经非常繁忙的现有教学、科研工作中额外付出大量心力，勇于在一个全新的领域进行探索，其精神可嘉。不必讳言，作为智库研究领域的新探索，这套丛书肯定存在着很多不足甚至缺陷。因为本丛书研究视角“多元”，而且定位“学术”研究，在当前国内智库研究总体水平不高、文献成果总体数量不多、专门研究者缺乏的情况下，研究深度必然受到“局限”，结合中国特色场景时难免生硬，在研究内容上难免出现交叉、重复。本丛书立足于抛砖引玉，所著材料和观点仅供广大研究者和实践者参考，期望能对大家理解中国特色新型智库建设的新思想、新观点、新目标和新举措等有所启发。我们能够承诺的是，丛书作者们将会继续在智库研究领域进行“深耕”，希望有机会能够对丛书中的内容不断进行更新，就更多、更具体的课题进行探讨，适时推出新的版本，使丛书内容更加丰富，更加贴近现实。诸多不当、不足之处，文责自负，请读者朋友谅解并指正。

本丛书得到了 2016 年度国家出版基金项目资助，得到了中央党校科研基金重点项目资助。在本丛书策划、出版过程中，中央党校出版社曲炜、楚双志两位编审付出大量心血。本丛书在写作中参考了许多国内外文献，体现了原著者、论者的理论和学术贡献。在此，对他们一并表示感谢。

黄宪起

2017 年 6 月

目录

第一章　引言

第二章　智库研究的统计分析

第三章　当前智库研究的主要领域

第四章　智库的本质及类型研究

第五章　智库的形成与发展脉络研究

第六章　智库的结构和功能研究

第七章　智库的影响力与评价研究

第八章　智库的发展趋势研究：全球智库和智库网络

图表目录

第一章　引　　言

一、全球智库蓬勃发展

智库现在已经成为当今大国竞争的无形利器，并成为大国软实力的重要标志之一。纵观西方近500年历史，几乎每一个强大国家的崛起，都伴随着该国智囊机构的涌现。英国工业革命的直接发动机就是英国皇家学会，其“世界工场”的地位，离不开皇家学会贡献的大量智慧。美国的崛起，更是与其强大的现代智库体系息息相关。时至今日，美国仍然执世界智库之牛耳，美国智库不仅深刻影响着世界局势，而且是全球领导力和世界影响力的重要保证。

中国自古就有重视谋士、军师、幕僚的智囊文化传统，但现代意义上的智库却产生于二战后。世界各国，特别是西方国家各种社会矛盾与问题凸显出来，加上美苏两大阵营对峙的世界局势，为智库的发展提供了前所未有的发展空间。同时第三次科技革命的出现，也在客观上促进了智库的发展，为智库的发展提供了现代化的研究方法和工具。另外，西方权力分立的政治体系，使智库有充分地发挥作用的空间，国家和社会从制度上保障了智库的地位和对它的投入。在这种背景下，西方智库如雨后春笋般出现。

（一）全球进入智库时代

随着信息时代和知识经济时代的来临，全球化进程不断加速，当今世界的国际竞争已经不仅仅体现于经济、科技等“硬实力”的竞争，以思想、观念、文化为核心的“软实力”竞争已越来越受到重视，而作为创新思想的源泉，智库正成为各国“软实力”竞争的新焦点。同时，由于世界各国面临的内政、外交问题越来越复杂，促使政策制定者向政府体系以外的独立智库寻求政策建议。

在此背景下，全球智库整体呈现出蓬勃发展状态，不管是西方发达国家，还是包括中国在内的广大发展中国家，智库在科学决策中都有着不可替代的作用。由此，全球进入了一个崭新的智库时代。

表 1—1　不同时段新智库数量及平均值

年　份	新增智库数量	平均每年新增智库数量
1900—1910	18	1.6
1911—1920	25	2.5
1921—1930	42	4.2
1931—1940	42	4.2
1941—1950	120	12
1951—1960	213	21.3
1961—1970	367	36.7
1971—1980	612	61.2
1981—1990	1001	100.1
1991—2000	1422	142.2
2001—2012	1615	134.6

当前，全球智库已处于激烈的市场竞争中。世界智库中约有 2/3 产生于 20 世纪 70 年代以后，半数成立于 20 世纪 80 年代以后。以美国为例，美国现有智库中有 90%是 1951 年后成立的，1980 年以来智库数量翻了一番。进入 21 世纪以来，智库发展进入内部整合阶段。由于智库之间的激烈竞争，最近几十年来新成立的智库很少有综合性智库，多数智库通过专业化策略定位提升核心竞争优势，即围绕某一专业领域，提供针对性的政策建议。此外，咨询公司、法律公司和电子传媒等营利性企业纷纷参与智库的竞争，力图分得一杯羹，但此类组织不是严格意义上的智库，需另作考量。据美国宾夕法尼亚大学近六

年公布的《全球智库报告》统计，2008—2013 年，全球智库数量分别为 5456 家、6305 家、6480 家、6545 家、6603 家、6826 家，智库数量增长较快，发展趋势明显。整体来说，世界智库自 1900 年以来，一直呈现不断快速发展趋势，尤其是 20 世纪 60 年代以来，增长速度明显加快。

（二）智库发展分布情况

根据宾夕法尼亚大学 2016 年 1 月发布的《2015 全球智库报告》，全球智库数量最多的前五个国家分别是：美国（1835 家）、中国（435 家）、英国（288 家）、印度（280 家）、德国（195 家）。其中，全球最发达国家美国的智库数量多于其后四国的智库数量的总和，在数量上具有压倒性的优势。

从世界各大洲智库的分布比例来看，经济发达的北美和欧洲地区，占据了智库的半壁江山。北美与欧洲智库数量分别以 28.2%与 25.9%排在前两位，亚洲（18.4%）与中南美洲（11.3%）虽紧随其后，但与欧美相比，呈现出明显的数量差距。非洲、中东、北非以及大洋洲的智库则相对较少。

表 1—2　智库地区分布数量及百分比（2015 年）

地　区	智库数量	百分比（%）
北美	1931	28.2
欧洲	1770	25.9
亚洲	1262	18.4
中南美洲	774	11.3
撒哈拉以南的非洲	615	9.0
中东和北非	398	5.8
大洋洲	96	1.4
总和	6846	100

同样，发达国家智库在国际影响力和话语权方面也远在发展中国家智库之上。根据宾夕法尼亚大学 2007—2015 年近九年的全球智库数

量排名可以看出，发达国家的智库在全球领域处于领先地位。在全球智库影响力排名中，美国处于一枝独秀的地位，英国紧随其后，德国跻身三甲。作为全球智库领域的绝对领导者，美国在全球十大顶尖智库中独占六席，尤其是布鲁金斯学会（Brookings Institution）更是连年稳坐“全球第一智库”的宝座。随着新兴国家的崛起，中国、印度、巴西等智库整体实力开始上升，初步显示出了影响力和发展潜力，但与美国、西欧智库相比差距甚大。若按人口比例和国家经济实力，中国智库在全球 100 家顶级智库中至少应占据 20 席，至少应有 2 个智库跻身前 10。而目前，在全球前 100 家顶级智库中，中国智库仅占 6 家。中国的发展需要智库的快速发展，这需要中国智库建设者们奋起直追。

在全球治理和全球议题设置方面，发展中国家的智库大多时间在话语权上受制于西方发达国家，甚至处于一种集体“失语”的状态。大多数发展中国家的智库仅埋头研究国内公共政策，很少有鲜明的、突出的全球研究视野，很少参与国际性、全球性事务，很少有机会在国际组织或会议中表达观点，但智库在国际关系和全球治理中，往往担任议题设定者和舆论引导者的重要角色。因为缺乏有国际影响力的智库，所以缺乏国际事务的影响力，这在中国、印度以及其他发展中国家很普遍。

（三）新兴智库展露生机

最近几年，金砖五国的智库发展非常快。金砖国家智库与政府的联系相对来讲比较紧密，最近也呈现出多元化的局面。根据《2015 全球智库报告》，金砖国家的智库地位在世界地位特别是地区地位中正在不断上升。在中南美洲的智库排行榜中，前 15 名中有 4 个来自巴西，其中第一名就是巴西的 Fundacao Getulio Vargas；撒哈拉以南非洲智库排行榜中，前 10 名中有 5 名来自南非；俄罗斯的智库则占据中东欧智库排行榜中前 10 名中的 3 个席位。在全球 10 个新兴知名智库中，发展中国家占据 8 席，都分布在非洲和拉美新兴国家以及发展中国家。

表 1—3 2015 年全球十大新兴智库

智 库 名 称	所属国家	国家发展情况
Borde Politico (Mexico)	墨西哥	发展中国家
Center for Climate and Security (CCS) (United States)	美国	发达国家
Center for Policy Studies (CERPS) (Liberia)	利比里亚	发展中国家
Centre for the Study of Governance Innovation (GovInn) (South Africa)	南非	发展中国家
China-ASEAN Research Institute (China)	中国	发展中国家
Chongyang Institute for Financial Studies (RDCY) (China)	中国	发展中国家
Delma Institute (United Arab Emirates)	阿联酋	发展中国家
Eastern Africa Policy Centre (EAPC) (Kenya)	肯尼亚	发展中国家
Emirates Policy Centre (EPC) (United Arab Emirates)	阿联酋	发展中国家
Eurasian Council on Foreign Affairs (ECFA) (Belgium)	比利时	发达国家

在发展中国家，智库往往是政府直接或间接支持学者或其他组织、机构建立的，一般都有着比较强的政治导向色彩。比如在拉美，20 世纪 60 年代一些国家开始出现智库，主要是由独裁政府驱逐的一些著名大学的著名学者创建的，其目的是为了建立知识分子的保护伞。例如，拉美最著名的“巴西计划分析研究中心”（CEBBAP）就是于 20 世纪 70 年代初由卡多佐（Cardoso）建立的。再如，智利的拉美研究公司（CIEPLAN）集中了很多著名知识分子领袖，他们后来在 80 年代末为智利建立联合政府和还政于民发挥了重要的促进作用。

从目前来看，缺乏资金来源，缺乏专业研究人才和缺乏合法、独立的地位是阻碍发展中国家智库发展的三个关键问题。发达国家的智库研究定位明确，拥有专长的研究领域、研究目标、稳定的资金来源和服务对象，具有较强的连续性、前沿性和计划性的特点。与之相比，目前发展中国家的智库在发展中以临时、短期性研究合同为主，还没有形成比较稳定的运行模式，资金来源和研究成果质量不稳定。怎样建立一种稳定的运行模式，怎样增强和扩大影响力，这是发展中国家智库面临的共同课题与挑战。

（四）中国智库全球影响力开始上升

过去，中国社会乃至行业内，对智库的认识和理解与发达国家甚至很多新兴国家相比非常滞后，更不用提国际合作和国际影响力。但近些年来，这一现象有了突出变化。2009 年 7 月 2—4 日，首届“全球智库峰会”在北京举办。来自世界各地数百位各国政要、学人和诺贝尔经济学奖得主，代表近百家国际、国内主要智库和国际组织参加了会议，其规格之高、规模之大，在世界智库界罕见，中国与全球化智库（CCG）也应邀参加了这次峰会。这一年，可以说是中国智库走向世界的“元年”，中国智库开始从被动参与国际事务转向主动出击举办智库峰会，组织和召集国际智库进行交流，意义重大。

同时，中国中央政府近年来也开始重视智库发展和建设。习近平总书记 2013 年对中国智库作出了重要批示，指出“智库是国家软实力的重要组成部分”。中国共产党十八届三中全会的《决定》也明确提出“加强中国特色新型智库建设，建立健全决策咨询制度”。

表 1—4 “全球智库峰会”概况（2009—2015 年）

时间	出席会议的党和国家领导人	论坛主题	备　注
2009 年 7 月 2—4 日	李克强	全球金融危机与经济展望	受到意大利前总理普罗迪、美国前国务卿基辛格、孟加拉乡村银行创始人尤努斯、美国布鲁金斯学会主席桑顿等 60 多个国家和地区以及国际组织的代表共 900 多人的高度关注与支持，其中包括各国政要、前政要、政府官员、驻华使节；以及世界银行、国际货币基金组织、联合国贸发组织、世界产权组织等国际代表 150 余人；诺贝尔经济学奖得主、中外知名智库代表、专家学者 450 余人；包括全球 500 强在内的中外企业家代表 200 余人；媒体代表 150 余人

续 表

时间	出席会议的党和国家领导人	论坛主题	备 注
2011 年 6 月 25—26 日	李克强	全球经济治理：共同责任	美国前国务卿基辛格博士、英国前副首相普雷斯科特、波兰前副总理科德勒克等发表演讲；联合国可持续发展大会秘书长、联合国副秘书长沙祖康大使；国际能源署署长田中伸男等国际组织代表到会并发表演讲。来自超过 23 个国家和地区的中外知名智库代表、专家学者、各国驻华使节，包括全球 500 强在内的中外企业家代表共 800 余人出席会议
2013 年 6 月 28—29 日	李源潮	新格局、新合作、新发展	美国前国务卿基辛格、日本前首相鸠山由纪夫、世界贸易组织总干事帕斯卡尔·拉米、非洲联盟前主席让·平、联合国副秘书长彼得·劳恩斯基·蒂芬塔尔、美国布鲁金斯学会主席约翰·桑顿、波兰前副总理格热戈日·科沃德克、欧洲政策研究中心主任丹尼尔·格罗斯等嘉宾出席了开幕式并发表主旨演讲
2015 年 6 月 26—27 日	刘延东	全球可持续发展：2015 年后新路径	全球合作基金会主席、意大利前总理罗马诺·普罗迪，国际法教授、斯洛文尼亚前总统达尼洛·图尔克，亚洲协会政策研究院主席、澳大利亚前总理陆克文，新西兰—中国关系促进委员会主席、新西兰前副总理唐纳德·麦金农，波兰转型、一体化和全球化经济研究所所长、前副总理格热戈日·科沃德克，2011 年诺贝尔经济学奖得主、纽约大学经济学教授托马斯·萨金特，美国卡内基和平研究院院长威廉·伯恩斯，日本笹川和平基金会理事长、国际能源署前署长田中伸男等嘉宾出席了开幕式并发表演讲

根据《2015 全球智库报告》，中国以 435 家智库位居世界第二，这是自 2009 年以来，中国智库数量连续 7 年位居世界第二位。在全球重要智库排名前 100 名中，中国有 6 家智库入围，分别是中国社会科学院、中国国际问题研究所、中国现代国际关系研究院、国务院发展研究中心、国际战略研究中心、上海国际问题研究院。在地区顶级智

库前10名中，中国仍然有4家智库入选。在社会政策、经济政策、能源政策、环境政策、外交政策、卫生政策、国际政策等专业研究领域顶尖智库排行中，中国社科院、上海社科院、国务院发展研究中心、中国国防大学、中国现代国际关系研究院、中国环境规划院、中国环境科学研究院、中国国际问题研究所、上海国际问题研究院、东中西部区域发展和改革研究院、中国社科院世界经济与政治研究所上榜。虽然这份报告的公信力依然有待考究，但是，这也从一个侧面看出中国智库影响力的上升。

中国智库间国际化合作也在进一步加强，中国智库发展全球意识增强，海外著名智库也开始介入中国国内政策制定过程，国际智库与中国智库的交流日趋频繁，中国特色新型智库国际化、全球化特征和趋势更加明显。

2013年6月，伦敦市前副市长罗思义（John Ross）加盟人大重阳金融研究院。同年夏天，清华大学与美国黑石集团主席耗资3亿美元成立苏世民学者项目，邀请数十位前国际政要，在全球范围为优秀学生提供专项教育培训；同年10月，北京大学成立了国际战略研究院，旨在打造决策全球影响力。11月，曾是阿根廷最年轻的内阁部长、联合国工业发展组织前总干事，现任世界中小企业联盟主席的卡洛斯·马格里诺斯，正式受聘为人大重阳金融研究院“国际高级研究员”。

除了国际知名智库和政要人士直接受聘于中国智库，中国智库的国际影响力还体现在对外合作、交流与参与国际议题的设定等方面。中国与全球化智库自成立以来，一直重视国际合作。国际智库开始逐步关注中国智库，与之进行密切的交流合作，反映了中国智库的国际化进程正在加速，国际影响力也在逐步提升。中国智库在全球影响力的崛起绝非偶然。①

---

① 参见王辉耀、苗绿：《大国智库　智刃无锋　何以大国争锋》，人民出版社2014年版，第1—16页。

二、本项研究的分析方法

本书采取定量和定性相结合的方法，尤其注重计量分析和科学知识图谱的绘制方法。“科学知识图谱绘制”是一种旨在将知识和信息中令人瞩目的最前沿领域或学科制高点，以可视化的图像直观地展现出来的研究手段。它把复杂的科学学科知识领域通过数据挖掘、信息处理、知识计量和图形绘制而显示出来，使人们得以了解某个学科或研究领域在科学知识版图上的位置，从而为研究者选择感兴趣的新领域或选择今后的学术进路提供方便。这个以科学学为基础，涉及应用数学、信息科学和计算机科学的多学科交叉领域，标志着科学计量学、信息计量学的最新发展。这个极其重要、并有着广阔应用前景的交叉领域，在西方被称作“Mapping Knowledge Domains”。根据其性质和特征，被译为“科学知识图谱绘制”。

（一）科学知识图谱的起源

科学知识图谱是引文分析与数据、信息可视化相结合的产物。引文分析是指利用各种数学及统计学的方法和比较、归纳、抽象、概括等逻辑方法，对科学期刊、论文、著者等各种分析对象的引证与被引证现象进行分析，以揭示其数量特征和内在规律的一种文献计量分析方法。① 正式的引文分析始于 20 世纪 50 年代初，1964 年美国的尤金·加菲尔德（Eugene Garfield）创立引文数据库 SCI（Science Citation Index）为学者们利用引文分析法分析学科领域知识结构提供了强有力的工具。SCI 不仅为引文分析奠定了数据平台，而且使得规范化、高质量的引文分析成为可能。60 年代早期，加菲尔德等人开始了基于引文数据的开拓性研究，他们在《应用引文数据撰写科学历史》（*The Use of Citation Data in Writing the History of Science*）中绘制了 DNA

① 参见邱均平：《信息计量学》，武汉大学出版社 2007 年版，第 315—427 页。

研究领域的历史发展图谱；不久之后，普赖斯用相同的数据在其一系列经典著作——《巴比伦以来的科学》《小科学，大科学》《科学文献的网络》中，进行了知识图谱绘制的开创性工作。尽管当时并没有使用“知识图谱”这一概念，但是，实际上以引文分析为基础的“知识图谱”理论与方法已经应运而生了。国内自20世纪80年代引入SCI，很快引起了广大学者的极大兴趣，被越来越多的科学研究者所认同和使用，主要用于揭示科学结构、研究科学史的发展规律、评价科研绩效、预测研究领域热点等方面。①

与此同时，计算机技术的快速发展及其在科学计算领域的应用，为数据和信息处理提供了有力的条件。可视化作为一个正式的术语是1987年在美国国家科学基金会举办的可视化会议上提出的。它最早应用于科学计算领域，并形成了可视化研究的一个重要分支——科学计算可视化，被广泛应用于各学科领域的数据和信息处理，产生了数据可视化、信息可视化、知识可视化和引文分析可视化等重要研究领域。

可视化技术的产生为引文分析提供了一个更好地表达和阐述内涵的途径。国外的学者对此已经进行了一系列的研究，如美国Drexel大学的Howard分析了情报科学1972—1995年的作者共引情况，用图表揭示了对情报科学影响比较大的机构和单位，学科发展结构以及作者关系情况的变化等。1999年Chen利用三维虚拟技术开发一套把作者共引关系表示出来的图表，并分析了大型的引文网络结构。加拿大多伦多大学的Yuan An提出了研究计算机文献的相互联系的结构方法，通过数字图书馆检索到有关文献的引用情况，然后应用图表可视化的算法来展示它们之间的关系，并研究其中的一些规律。英国Brunel大学的Chen Chaomei利用可视化技术分析了有关文献的共引情况图，为揭示其有关的规律提供依据。Steven Noel根据文献的引文耦合提出了有关的可视化方法。②

---

① 参见梁秀娟：《科学知识图谱研究综述》，《图书馆杂志》2009年第6期。

② 参见黄晓斌：《计算机引文分析的新发展》，《情报学报》2006年第3期。

科学知识图谱的应用离不开引文分析和可视化技术，是两者的有机结合。近年来，随着计算机技术的迅猛发展及应用，引文分析和可视化领域都取得了长足的进步，许多新的技术被广泛应用于文献、专利、基因图和其他信息类型的可视化分析，产生了许多新的研究成果，为科学知识图谱的绘制提供了新的、可靠的理论、方法和技术支持。其中最引人注目的是数据可视化、信息可视化和引文分析可视化及其应用研究。将引文分析可视化和科学知识图谱的重要应用前景展现在人们眼前，倍受信息管理界、科学界和科研管理界的关注和青睐。

（二）科学知识图谱的基本原理

科学知识图谱是通过空间表征法来显示的各知识单元、各知识领域间的关系，它旨在揭示由科学文献和引文路径的复杂交织所反映出的科学交流。现代的科学思维应当包括哲学思维、计算思维和视觉思维，科学知识图谱恰好融合了这三种思维。科学知识图谱无疑是以“科学”作为研究对象，如果将科学视为一种输出大于输入的信息生产系统，那么科学出版物的正文和参考文献要在定性和定量方面足以保证该出版物所含信息内容的可理解性，以及研究结果的科学再生性。[①]因而，作为一篇科学文献，其正文和参考文献是两个必不可少的部分，科学知识图谱的分析正是要挖掘出其中各种知识单元、各种知识载体（作者、机构、国家）以及正文与引文间存在的各种关联，实际上就是要进行引文分析和共线分析。

1. 引文分析的基本原理

从知识进化论的角度来看，引文分析本质上是对知识流动过程的分析，它包括了三层涵义：知识的产生与传播、知识的继承与发展、知识的重组与发现。前两者主要体现在引文分析，后者主要体现在共被引分析。

---

① 参见 Vinkler Peter. *The evaluation of research by scientometric indicators*. Cambridge New Delh：I Chandos Publishing. 2010. p. 137.

知识流动过程的引用分析，即对集合起来的海量的引文所包含的知识流动过程的分析。也就是对群体知识的辨认、采集、获取、创造、增值、传播、扩散等一系列过程的分析。海量的数据是个体文献的集合，单篇文献被引频次意味着知识基因遗传的次数，它不仅可以说明知识遗传量的多少，还能表明遗传的方向。我们可以用生物学的遗传做个比喻，一个生物的后代并不一定是同时出生，在某个时间里后代的多少也不同，有较强的适应能力的基因就会较早出现，生育后代较多的年份说明基因比较活跃，不生的年份证明基因可能隐藏，如果时间跨度大，说明这个基因变化慢，如果时间跨度小，则说明基因变化快。

作为反映知识流动过程的引文分析，即要分析一篇文献是否被引证，什么时间被引证，被引证的周期和峰值，以及被引证的频率及宽度，也就是知识是否流动，什么时间开始流动，流动量的大小以及流速的快慢，流动的方向，等等。

随着计算机的发展及信息处理手段的日益先进，社会网络及复杂性网络的理论和方法逐渐引入信息科学领域，引文分析也逐渐从分析知识流动过程拓展为分析知识元的关系，共被引分析便应运而生。一组文献（被引文献）共同被同一篇或同一组文献（施引文献）引证，则被引证的前一组文献形成共引关系，由此建立起共被引分析方法。它包括文件、作者、机构、期刊和学科的共被引分析等，其中作者共被引和文献共被引方法运用得最为成熟和广泛。共被引关系的实质，在于一组被寻文献的知识联系与知识扩散，对共被引文献中知识单元的分析和游离，并为一组施引文献对知识单元的重组所反映的研究前沿提供知识基础。由于被引文献将可能继续被引用，且被引用要迟滞一段时间，因此共被引分析具有动态性、持续性，其结果也必然具有滞后性。但可通过分析施引文献反映的研究前沿加以弥补。这些特点使得基于共引分析的知识图谱可以展现知识的结构关系与动态变化。

引用分析有助于厘清知识发展的脉络，共引分析有助于明晰知识结构。陈超美在试图利用信息可视化的方法探测知识前沿的研究中，创造性地将这两种分析综合起来，开发了当前最为先进的科学知识图谱绘制工具 CiteSpace。

2. 共词分析的基本原理

共词分析自 20 世纪 70 年代问世以来，经过近 40 多年的发展，已经被广泛应用到科学计量学、信息科学、信息系统和信息检索等领域。其思想来源于文献计量学的文献耦合与共被引概念，即当两个能够表达某一学科领域研究主题或研究方向的专业术语（多为主题词或关键词）在一篇文献中同时出现，表明这两个词之间具有一定的关系。同时出现的频次越高，它们之间的关系越密切。其分析原理是对某一组词分别两两统计在同一文献中共现频次，并对这些词进行分层聚类，从而揭示词与词之间的亲疏关系，探测词所代表的学科和主题结构的演变。

共词分析方法用高频词聚类来分析过去和现在学科领域的热点，通过低频词聚类可以预测未来的学科研究热点，是一种定性与定量相结合的分析方法。它吸取了应用数学、图形学、信息科学以及计算机科学等诸学科的相关知识，利用共词分析的可视化技术横向和纵向分析学科或领域的发展过程、特点以及领域或学科之间的关系，又可以反映某个专业的科学研究水平及其动态和静态结构，评价领域内研究成果投入和产出的关系。同时引入了包容指数、临近指数、等值系数等指数，通过计算公式计算出相应指数值，并用矩阵地图等可视化手段直观地把学科结构、研究前沿和发展演进趋势等显现出来。

共词分析方法属于内容分析法的一种，该方法主要是通过统计关键词对或主题词对两两共现在同一文献中的次数而进行的共词聚类分析，通过共词网络内节点之间的远近来反映高频或低频关键词或主题词之间的亲疏关系，形成由这些关键词对或主题词对所组成的共词网络，通过软件的使用绘制出知识网络图谱，直观而形象地展示了关键词或主题词之间的关联性，以及这些关键词或主题词所代表的学科或领域的结构演迹。但是采用共词分析方法所得出的分析结果是在一定的假设前提下成立的，共词分析方法有两个假设：一是文献的关键词能够真实反映文献的科学研究；二是其他科学家接受的观点可以影响未来使用类似关键词标引发表的科学论文。共词分析主要经历了三个阶段：基于包容指数和邻近指数的共词分析、基于战略坐标的共词分析、基于数据库内容结构分析的共词分析。常用的共词分析方法有四种：共词聚类分析法、共词关联分析法、共词词频分析法、突发词监测法。①

共词分析最具备创造性的应用是 Swanson 等人提出的非相关文献隐性知识发现。隐性关联知识发现主要是借助中间文献集的概念，利用公开文献中的信息，进行有价值的关联发现，发现尚未被发现的联系（进而发现客观隐性知识）或发现被主观去除、隐藏或弱化的特定联系（进而发现主观隐性知识），揭示出技术发展动向，提高情报研究质量的知识发现活动。共词分析可以帮助获取中间词集，利用共词聚类可以对中间词集进行过滤排序，以形成新的词集序列，以用于后续分析。②

3. 分析数据来源

数据的完整性与准确性，在科学计量学与文献计量学及可视化分析的过程中非常重要。选择合适的检索方法，保证数据获得的完整性与准确性，这是研究首先要解决的一个必须问题。

基于前文中对智库概念理解基础上，国际智库研究前沿与学术群体的数据获取，采用主题检索形式，最后采用“think tank *”在 ISI Web of Knowledge 中进行主题检索，具体选择其中的 SCI-E、SSCI 和 A&HCI 三大数据库，这样比较符合学术规范，以至获得本课题的研究数据，既不过于宽泛，收录一些与研究无关的信息，也不过于偏窄，缺失一些与研究相关的内容。时间跨度：所有年份。数据的最后更新时间为 2016 年 2 月 20 日。

ISI Web of Knowledge 是 Thomson Reuters 公司开发的信息检索

---

① 参见 Law J，Whit Taker J. Mapping acidification research: A test of the co-ward method. *Scientomctrics*. 1992，23（3）. pp. 417－461.

② 参见陈悦：《创新管理知识图谱》，人民出版社 2014 年版，第 12—16 页。

平台，是目前世界上最有影响的多学科的学术文献文摘索引数据库，通过这个平台用户可以检索关于自然科学、社会科学、艺术与人文学科的文献信息，包括国际期刊、免费开放资源、图书、专利、会议记录、网络资源等，可以同时对多个数据库（包括专业数据库、多学科综合数据库及“中国科学引文数据库”）进行单库或跨库检索，可以使用分析工具，可以利用书目信息管理软件。

4. 分析工具

论文研究的主要应用软件是 CiteSpace。是美国德雷克赛尔大学德美籍华人陈超美（Chen Chaomei）博士开发出来的一种知识可视化计量软件，该软件可以在其主页自由下载，免费使用。是一个由语言编写的主要基于共被引分析与共现分析的引文网络与共词网络可视化软件。

许振亮博士介绍说，该软件可以使用路径搜索算法或最小生成树算法，对共被引与共词的分时演化网络与整体融合网络的路径进行分析和处理，并能以聚类视角与时区视角一对共被引网络及共词网络进行可视化展示。该软件还提供了通过被引文献考察某一研究领域的知识基础，同时，通过施引文献中标题词、作者关键词出现的频次、共有信息及利用一算法处理，来分析某一研究领域的研究前沿和发展趋势。在该软件生成的引文网络图谱中，由不同大小和不同颜色的圆环组成的引文年代来表示引文节点的被引次数和被引年代，用不同颜色的连线来表示节点间共被引的年代。另外，还可以展示作者、机构、国家之间的合作网络以及学科分类之间的联系网络。

第二章 智库研究的统计分析

智库的历史可追溯到100年前的20世纪初，但智库的真正繁荣只是发生在最近的40多年间。20世纪70年代以来，伴随着经济社会高度发展所带来的经济问题、社会问题、政治问题等的日益专业化与复杂化，智库在各国决策咨询过程中的地位与影响越发重要。世界范围内，不仅智库的数量大幅增加，而且智库来源国的覆盖范围日益广泛。非洲、拉丁美洲、亚洲和东欧各地新兴智库不断涌现，美、欧国家的老牌智库则掀起国际化热潮。与此同时，智库研究也从乏人问津转而成为西方组织政治学和公共管理学的热点问题，相关论著层出不穷。①

一、智库研究的时间分布

按照TS=“think tank＊”在ISI Web of Knowledge中进行主题检索，所选年份为所有年份，获得智库研究的文章数量共1209篇，进而得到智库研究文献的发展趋势，见图2—1。在历经40年的时间跨度中，呈现逐步上升之趋势，但是，20世纪90年代之前，发展速度较为缓慢，进入21世纪，文章发表的增长势头日益见长，2012年突破百篇，达到106篇，2014年达到124篇。

从图2—1中可以看出，在西方国家，1971年迪克逊（Dickson）

① 参见金芳、孙震海、国锋等：《西方学者论智库》，上海社会科学院出版社2010年版，第1页。

发表了第一本介绍美国思想库形成与发展的著作，该书出版以后的 20 多年间，西方学术界关于思想库的重要研究论著一直不多。直到 20 世纪 90 年代初开始，对思想库参与政策过程的研究才开始逐渐成为研究的热门话题。

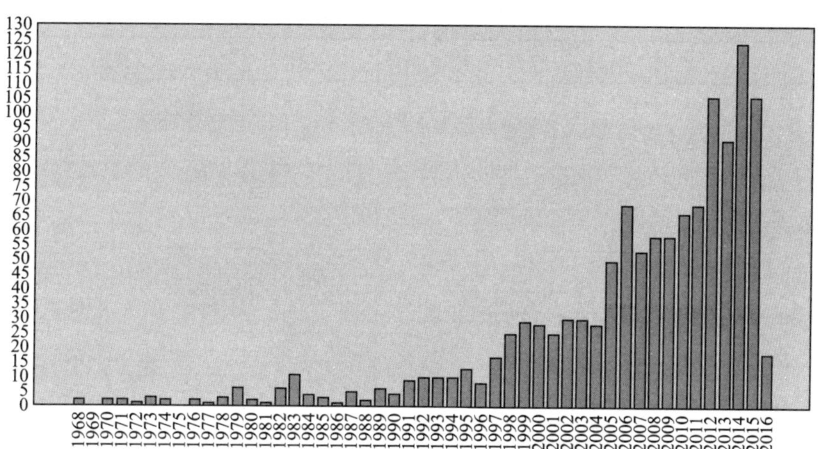

图 2—1 国际智库研究的发展趋势

二、智库研究的研究方向分布

按照 TS一 “think tank＊” 在 ISI Web of Knowledge 中进行主题检索并获得数据的前提下，并将类型选定为论文后，进一步进行研究方向（Research Area）的分析，显示结果表明，841 篇研究分布在 162 个研究方向中，限于篇幅，本书中展示出前 25 个方向，如表 2—1 所示。

从表 2—1 可以看出，在高分布的 25 个研究方向中，智库研究已经遍布在社会科学、工程技术、自然科学和人文科学等各个领域。总共覆盖了 162 个专业类别。但是，研究在各个研究方向中的分布是比较均衡的。

政治科学（Political Science）占 10.108%，国际关系（International Relations）占 5.897%，环境科学（Environmental Sciences）占

4.573%，区域研究（Area Studies）占 4.091%，公共管理学（Public Administration）占 4.091%。其他来说，社会学（Sociology）、经济学（Economics）、历史学（History）、地理学（Geography）占的比例与之前的相差不大。

表 2—1 国际智库研究的研究方向分布表

研究方向	频次	占比（%）
Political Science	84	10.108
International Relations	49	5.897
Environmental Sciences	38	4.573
Area Studies	34	4.091
Public Administration	34	4.091
Public Environmental Occupational Health	33	3.971
Cardiac Cardiovascular Systems	32	3.851
Education Educational Research	29	3.490
Social Sciences Interdisciplinary	29	3.490
Fisheries	27	3.249
Planning Development	27	3.249
Sociology	27	3.249
Economics	22	2.647
Engineering Chemical	22	2.647
Environmental Studies	21	2.527
Marine Freshwater Biology	20	2.407
History	19	2.286
Geography	18	2.166
Health Care Sciences Services	18	2.166
Ecology	16	1.925
Oncology	16	1.925
Biotechnology Applied Microbiology	15	1.805
Management	15	1.805
Urology Nephrology	15	1.805
Water Resources	14	1.685

三、智库研究的期刊分布

表 2—2 展示的是以 TS= “think tank＊” 为检索式，获得的国际上登载智库研究文献居于前位的学术期刊。由这些登载高数量智库研究文献的期刊角度来看，也可知道，智库研究属于一个交叉学科的研究领域，具体涉及医学、政治学、国际关系、气象学、教育学、行为科学等多个学科，这也大致可以反映出智库研究文献期刊分布结构，通过仔细甄别原文还能发现，医学杂志的论文主题中之所以 “think tank＊” 出现的频次高，一部分原因是因为有些医学研究报告是由第三方思想库做出来的，实际研究对象为智库的并不多，所以，其实还是传统的人文社会科学对于“智库”这一组织比较关注。

表 2—2 国际智库研究的期刊分布表

期刊名称	收录文章数	占比（%）
American Heart Journal	16	1.925
Political Quarterly	10	1.203
China Quarterly	8	0.963
International Journal	8	0.963
Neurourology And Urodynamics	8	0.963
Australian Educational Researcher	7	0.842
Educational Policy	5	0.602
Journal Of The American College Of Cardiology	5	0.602
Nation	5	0.602
Plating And Surface Finishing	5	0.602
Aquaculture	4	0.481
Climatic Change	4	0.481
International Journal Of Urban And Regional Research	4	0.481
Journal Of Contemporary China	4	0.481
Nippon Suisan Gakkaishi	4	0.481
Review Of International Political Econorny	4	0.481
Revue Neurologique	4	0.481
Urologic Oncology Seminars And Original Investigations	4	0.481

续 表

期刊名称	收录文章数	占比（%）
Water Science And Technology	4	0.481
Pharmacoepidemiology And Drug Safety	3	0.361
Plos One	3	0.361
Public Administration	3	0.361
Public Admnistration And Development	3	0.361
Third World Quarterly	3	0.361
Twentieth Century British History	3	0.361
American Heart Journal	16	1.925

从表2—2中还可以看到，居第二位的是《政治学季刊》（*Political Quarterly*），这本杂志主要关注于政府治理和法治，是由著名的Wiley-Blackwell出版集团出版，它和也居于排名前25位的《公共管理》（*Public Administration*）和《公共管理与发展》（*Public Administration and Development*）一样，都关心智库的专业角色、智库与公共部门改革的互动以及智库在问责中的作用等相关论题。排行榜中还有两本期刊——《中国季刊》（*China Quarterly*）和《当代中国》（*Journal Of Contemporary China*），这表明对于中国智库的研究已经成为学界的兴趣点。

四、智库研究的机构分布

图2—2所示为按照TS=“think tank *”为检索式，获得的国际上关于智库领域研究发表文献居前25位的研究机构。可以发现，高校仍然是对智库最为关注的研究机构。其中，发表文章最多的研究机构是华威大学，发文量为9篇。其次是纽约大学，发文量为8篇。哈佛大学、伦敦大学和明尼苏达大学并列第3，发文量都为7篇。排名末尾的西安大略大学、西澳大利亚大学和多伦多大学也都是欧美大学，唯一进入排行的非欧美大学就是日本的东京大学，发文量为4篇。这表明，前25个智库研究机构基本上处于北美洲和欧洲，是智库研究的

重要基地。

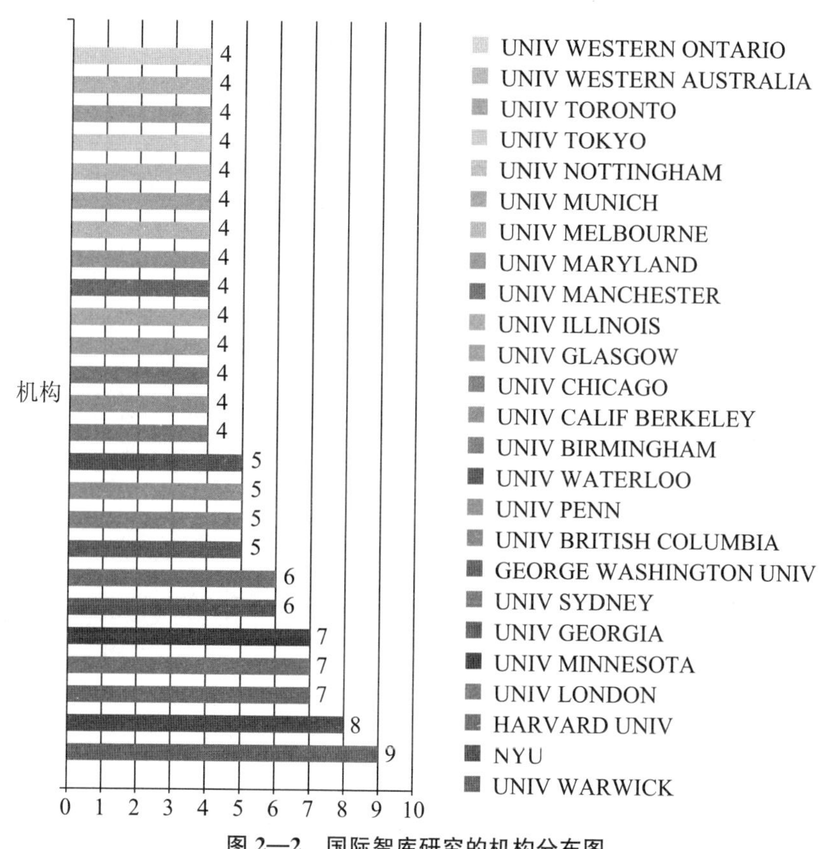

图 2—2 国际智库研究的机构分布图

五、智库研究的国家或地区分布

图 2—2 所示为按照 TS=“think tank *”为检索式，获得的国际上关于智库领域研究发表文献居前 25 位的国家或地区。美国、英国、加拿大、澳大利亚和德国分居前 5 位，发文量分别为 195 篇、80 篇、51 篇、38 篇和 20 篇，这也与这些国家的智库发展较早、发展比较成熟有关，在这些国家中，针对智库的研究机构也相对较多。亚洲国家和地区中中国位列第 6，发文量为 19 篇，日本位于第 9，发文量为 10

篇，印度排名 14 位，发文量为 6 篇，中国台湾排名 19 位，发文量为5 篇。

表 2—3　国际智库研究的国家或地区分布表

国家或地区	频次	占比（%）
Usa	195	36.044
England	80	14.787
Canada	51	9.427
Australia	38	7.024
Germany	20	3.697
Peoples R China	19	3.512
Netherlands	17	3.142
Scotland	13	2.403
Japan	10	1.848
France	8	1.479
Ssouth Korea	8	1.479
Italy	7	1.294
Denmark	6	1.109
India	6	1.109
Spain	6	1.109
Turkey	6	1.109
Austria	5	0.924
Brazil	5	0.924
Taiwan	5	0.924
Wales	5	0.924
Poland	4	0.739
Sweden	4	0.739
Switzerland	4	0.739
Norway	3	0.555
South Africa	3	0.555

由智库研究分布的国家或地区来看，前 25 个国家或地区的分布中，北美洲与欧洲的国家占据多数，这也表明这些智库研究处于较高的水平，在亚洲，中国居于首位，日本排名其次，领先于印度与中国台湾，这大概与两个国家社会发展总体水平不无关系。

本章对国际智库研究文献的分布特征进行了描述性统计。第一，统计分析了国际智库研究文献的时间分布特征，分析了多年来智库研究的发展历程及其特点。第二，统计分析了国际智库研究文献的研究方向分布特征，智库研究已经遍布在社会科学、工程技术、自然科学和人文科学等各个领域。总共覆盖了 162 个专业类别。但是，研究在各个研究方向中的分布比较均衡。第三，统计分析了国际智库研究文献的期刊分布特征，登载智库研究文献的期刊，智库研究属于一个交叉学科的研究领域，具体涉及医学、政治学、国际关系、气象学、教育学、行为科学等多个学科。第四，计量分析了国际智库研究文献的机构分布特征，北美洲与欧洲的国家的若干大学，是世界智库研究的重要基地。第五，计量分析了国际智库研究文献的国家或地区分布特征，北美洲与欧洲国家的智库研究处于较高的水平。

第三章　当前智库研究的主要领域

智库或公共政策研究、分析和交流机构是就国内和国际问题进行政策导向的研究、分析和建议的组织，旨在使政策制定者和公众就各种公共政策问题作出有根据、有识见的决定。与为特定目的而建立的委员会（Commission）或研究小组相比较，智库是更为固定、长期的组织，将其财政资源和人力资源中的主要部分投入于获得和发表社会科学的研究和政策分析，涉及政治学、经济学、公共行政等多学科。智库可能附属于政党、政府、利益集团或私人公司，或自成为独立的非政府组织。这些机构经常作为学界和政策圈之间的桥梁而展开工作，作为一种独立的声音服务于公共利益，把应用和基础研究转化为对于政策制定者和公众能理解、可靠和可获得的语言及形式。

20世纪70年代以来，学术界和实践部门对于智库的关注持续升温，产生了很多有影响力的研究。本书正是在对这批文献的关键词进行聚类分析，多维尺度分析和社会网络分析之后，归纳出具有代表性的重点议题，并以此来把握此领域理论动向。

一、数据来源和研究方法

本书研究的数据来源于ISI Web of Knowledge数据库，具体选择其中的SCI-E、SSCI和A&HCI三大数据库，通过选取全时段主题词[①]为“think tank *”的词段进行检索，本书共查找到相关文献1241篇，这成为本书后续进行文献计量分析的原始样本来源。经过数据清洗后，本书最终将541篇论文纳入我们的考察范围，这样也能确保我们的数据分析和挖掘具有较好的可信度和参考价值。

学术论文的关键词是论文核心观点的浓缩，是作者学术观点的体现，关键词在其研究领域出现的频次可大致反映出该关键词所表征的研究主题在其领域里的热度，因此也是文献计量学研究的重要指标。两个或更多关键词在同一篇文献中同时出现称为关键词共现（Co-occurrence）。关键词共现分析是文献计量学常用的研究方法，这种方法通过描述关键词与关键词之间的关联与结合，揭示某一领域学术研究内容的内在相关性和学科领域的微观结构。[②] 简单来说，两组或两组以上的关键词如果出现在一篇文献中，即说明它们之间存在“共现”关联。任意两个关键词之间“共现”的次数越高，表明它们之间的联系越强，也越能清晰地勾画出一个独立的研究焦点。本书拟使用“关键词共现分析”，并借助 sati、SPSS 和 ucinet 等软件通过聚类分析（Cluster Analysis）、多维尺度分析（Multi-dimensional Scaling，MDS）和社会网络分析（Social Network Analysis，SNA）等方式将智库研究的“共现”关系在二维图上得以“可视化”（Visualized），并结合各类别中的文献内容更直观地阐释智库研究的核心主题。

二、智库研究的文献计量分析

本章的文献计量部分将遵循以下步骤：（1）收集文献并提取高频关键词；（2）建立共词、相似和相异矩阵；（3）运用相关的文献计量方法进行分析；（4）对数据进行分析并得出结论。

① 主题包括篇名、关键词、中文摘要，可检索出这三项中任意一项或多项满足指定检索条件的文献。通过主题检索可保证文献来源的全面。

② 参见谢彩霞、梁立明、王文辉：《我国纳米科技论文关键词共现分析》，《情报杂志》2005年第3期。

（一）词频统计分析和共现矩阵的建立

从第二章分析可以明显地发现，在历经 40 多年的时间跨度中，对智库的研究呈现逐步上升之趋势，20 世纪 90 年代之前，发展速度较为缓慢，进入 21 世纪，文章发表的增长势头日益渐长，之后一直保持在一个较高的水平，直到今日，研究智库的热潮仍未退去。

本书将先前从 ISI Web of Knowledge 上下载的论文题录数据导入到 SATI 软件进行处理，在分别进行数据格式的转换，关键词字段抽取，词频统计分析之后，[①] 共统计得到关键词 1379 个，总频次为 1568 次，平均每个关键词出现频次为 1.14 次。因为高频关键词更能代表文献所在的研究主题，所以本书在对关键词的累积频次进行排序的基础上，抽取了累积频次大于 3 的关键词，在去除了无意义关键词和同义词之后，最终确定了 44 个高频关键词（表 3—1），其总频次为 1823 次，平均每个高频关键词出现的频次为 5.31 次。由此可知，这些高频关键词基本代表了智库研究的主流领域。

从这些高频关键词可以观察到，除开智库本身之外，新自由主义、公共政策、治理、网络等等是目前学界探讨得比较多的话题，此外，公众意见、社会政策、利益集团、第三部门等高频关键词位列其上，也一定程度上反映出在智库研究领域，学者们的研究大多是密切联系实际的，不仅是快速响应官方的权威表述，也注重从实践中吸取先进的思想以便充实理论。

当然，仅仅是高频关键词的罗列还不能有效解读 40 多年智库领域的研究主题和方向，还必须对高频关键词进行分类。本书利用 SATI 软件将这 44 个高频关键词两两配对生成一个 44×44 的共词矩阵。同时，为了适应不同多元统计方法对于数据的要求，也为了消除因频次高低对结果产生的影响，本书还生成了相似矩阵和相异矩阵。在相似矩阵中，

① 参见刘启元、叶鹰：《文献题录信息挖掘方法及其软件 SATI 的实现》，《信息资源管理学报》2012 年第 1 期。

相关系数被用来衡量关键词之间的相似性，相关系数越接近 1，两个关键词之间的联系越紧密（表 3—2）；相异矩阵则正好与此相反。

表 3—1 智库研究的高频关键词

关键词	频次	关键词	频次	关键词	频次
think tanks	44	ideology	4	Interest groups	3
Nediberalism	11	influence	4	social	3
Policy	9	intellectuals	4	think	3
Think-tanks	8	sustainability	4	global governance	3
foreign policy	7	poverty	4	Gender	3
public policy	7	public opinion	4	water tanks	3
governance	6	education	4	climate change	3
expertise	6	think tank	4	Innovation	3
Research	6	education policy	4	Public health	3
networks	5	social policy	4	UK	3
Politics	5	civil society	4	Evaluation	3
knowledge	5	third sector	3	United Kingdom	3
Advocacy	5	development	3		
United States	5	tanks	3		
China	5	security	3		
policy advice	5	Management	3		

（二）聚类分析

聚类分析遵照的是物以类聚的原理，其实质就是将性质相近的个体归为一类，性质差异较大的个体属于不同的类，使类内个体具有较高的同质性，类间个体具有较高的异质性。① 本书采用 SPSS 中的“系统聚类分析”（Hierarchical Cluster）模块对关键词相似矩阵进行分析。这种分析会首先将单个关键词当成一类，接着把距离最近的两类合并，然后重新计算类与类之间的距离，之后再把距离最近的两类合并，以此类推，直至把所有的高频关键词归为一类。很显然，研究方向明确、研究主题间相似的“学术共同体”会形成较大的类（图 3—1）。

① 参见范柏乃、蓝志勇：《公共管理研究与定量分析方法》，科学出版社 2008 年版，第 335 页。

表 3—2　高频关键词相似矩阵（部分）

	think tanks	NEOLIBERALISM	Policy	Think-tanks	foreign policy	public policy	governance	expertise	Research	networks
think tanks	1	0.0331	0.0101	0	0.0812	0.0292	0	0.0341	0.0038	0
Neoliberalism	0.0331	1	0	0	0	0	0	0	0	0
Policy	0.0101	0	1	0.0139	0	0	0.0185	0	0	0
Think-tanks	0	0	0.0139	1	0	0	0	0	0.0208	0.1
foreign policy	0.0812	0	0	0	1	0.0204	0	0	0.0238	0
public policy	0.0292	0	0	0	0.0204	1	0	0.0238	0	0
governance	0	0	0.0185	0	0	0	1	0	0.0278	0.0333
expertise	0.0341	0	0	0	0	0.0238	0	1	0	0
Research	0.0038	0	0	0.0208	0.0238	0	0.0278	0	1	0
networks	0	0	0	0.1	0	0	0.0333	0	0	1

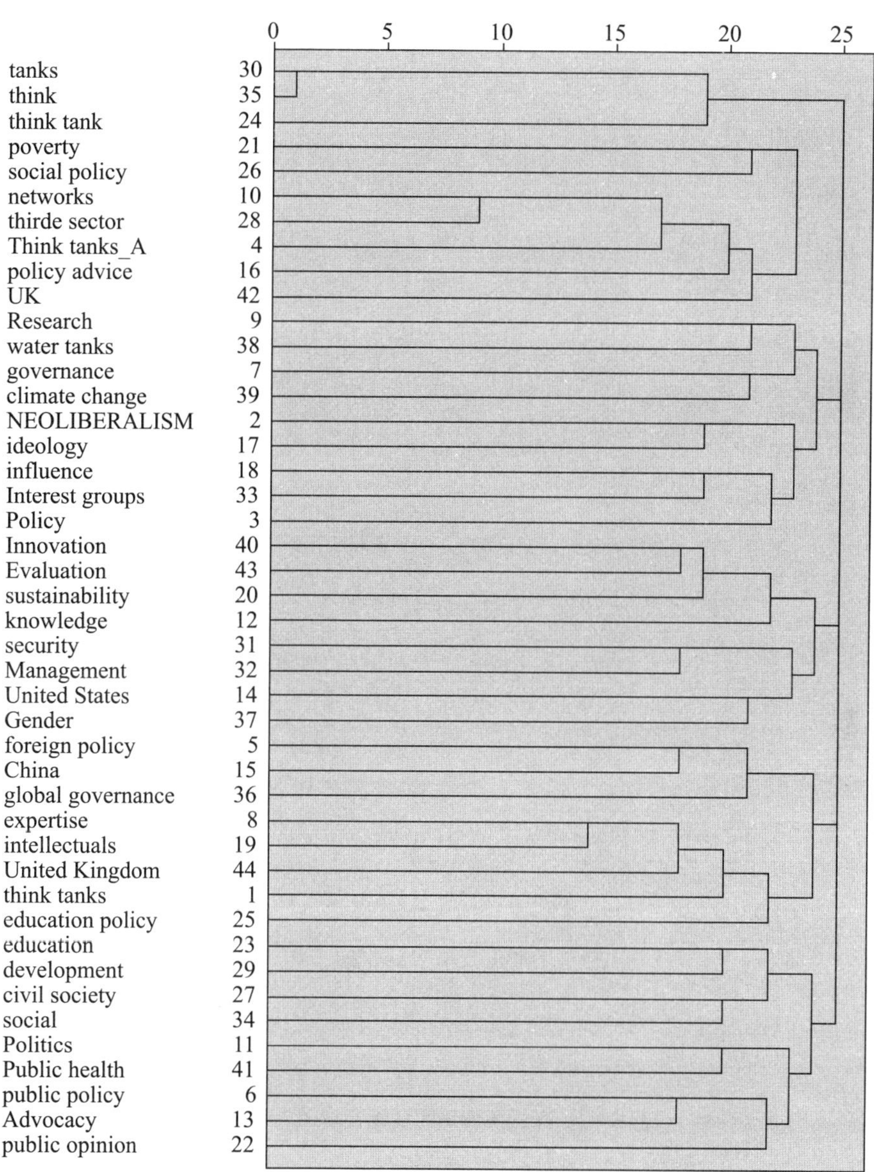

图 3—1　高频关键词的聚类分析

（三）多维尺度分析

多维尺度分析是基于研究现象之间的相似性或距离将研究对象在

一个低维（一般为二至三维）的空间形象地表示出来，进行聚类或维度内含分析的一种图示法。简单地说，就是从客体间的相似性或相异性数据出发，用低维空间中的点结构（configuration of points）来表示研究客体。[①] 与聚类图相比，多维尺度分析可以更好地在低维空间里映射出原有的数据间结构，以便我们进行研读。本书中先将关键词相异矩阵导入 SPSS 采用 ALSCAL 进行分析，压力系数（Stress-I）偏高（Stress＝0.40431，RSQ＝0.14836），表明其构面解释能力不好，构面的配合度不好。随后采用 Ucinet 中的“non-metric MDS”组件进行分析，压力系数降为 0.048，结果一般。结合之前的聚类分析我们可以将坐标图上的关键词初步分组（图 3—3）。

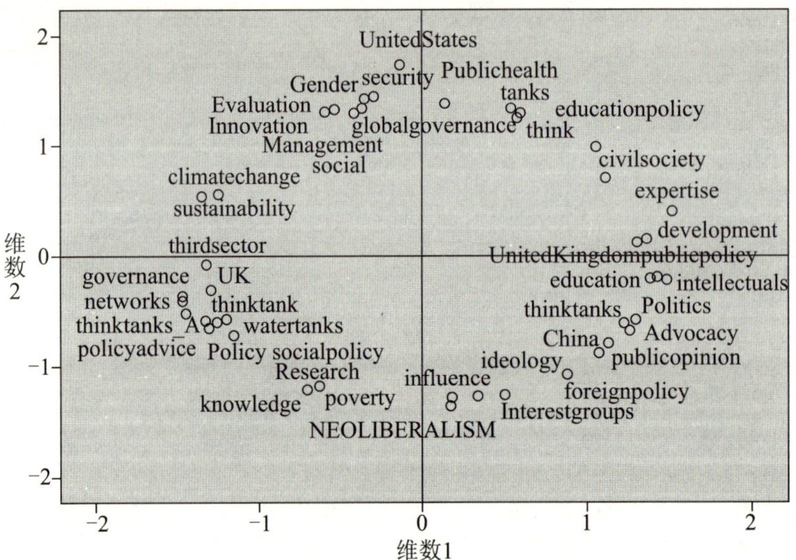

图 3—2　高频关键词的多维尺度图（Spss）

① 参见张文彤：《SPSS 统计分析高级教程》，高等教育出版社 2004 年版，第 313 页。

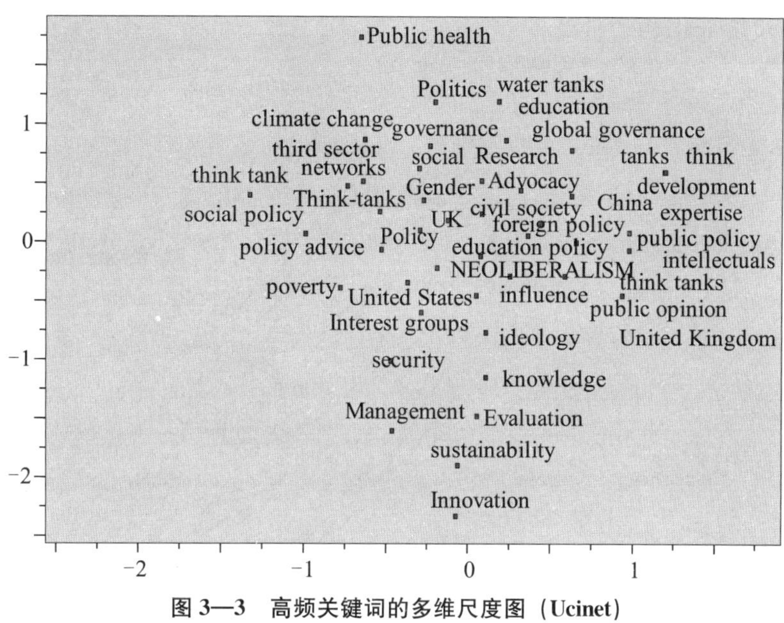

图 3—3　高频关键词的多维尺度图（Ucinet）

（四）社会网络分析

社会网络分析是对社会关系结构及其属性加以分析的一套规范和方法，它主要分析的是不同社会单位（个体、群体或社会）所构成的关系的结构及其属性。① 将社会网络分析法应用到文献计量分析中，可以有效地揭示出一个研究领域的研究结构。在社会网络分析中，关键词就是节点，节点位置越居中，则这个关键词在此研究领域中越核心。节点与节点间的线条代表的是共现关系，连线越粗则关系越强，节点大小则表示的是信息流入流出的度数，表征的是该关键词与网络中的其他关键词的总体关联度。通过将关键词相似矩阵导入 Ucinet 计算出各节点的中心度（Degree Centrality），并结合 netdraw 组件的使用，通过不断调整相关系数值，我们最终得到图 3—2 所示的智库研究领域高频关键词共现的网络图。而这个结果也是与前面的聚类分析和

① 参见林聚任：《社会网络分析：理论、方法与应用》，北京师范大学出版社 2009 年版，第 41 页。

多维尺度分析相吻合的。

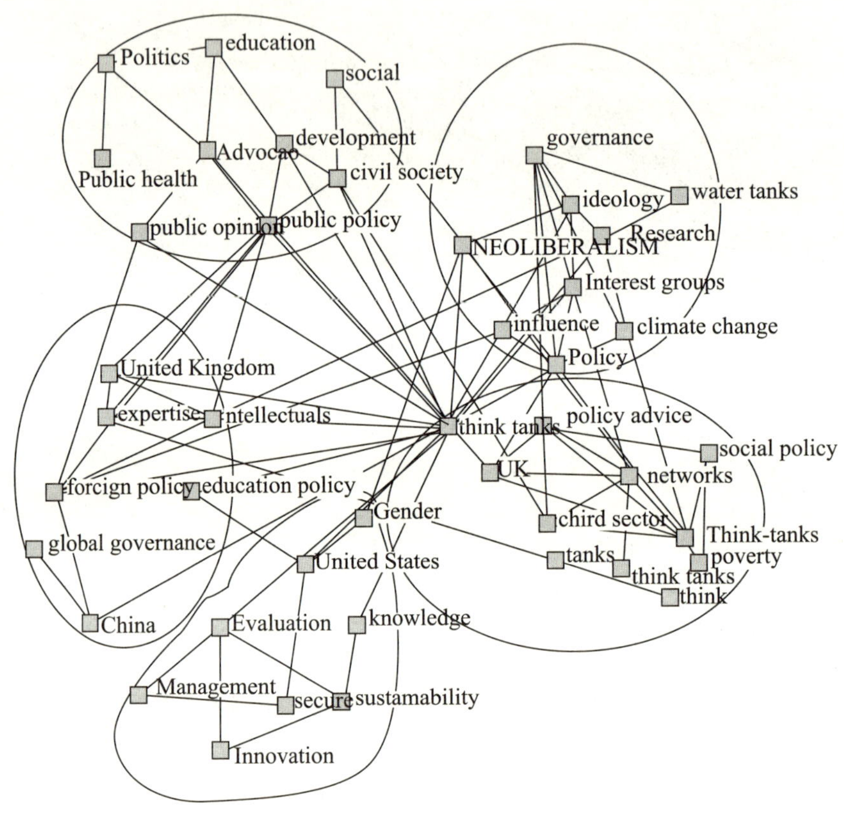

图 3—4 社会网络分析图

三、小 结

通过上述的文献计量方法本书可以比较准确客观地将国外智库研究的领域划分为以下五种类别：

类别Ⅰ：智库的本质及其价值。除了“智库”本身之外，还包括了第三部门、社会政策、政策建议、社会网络等关键词。

类别Ⅱ：智库的形成与发展。尽管智库的历史可以追溯到 19 世纪，但即使在西方，20 世纪 70 年代前智库研究也没人问津。最近这 20—30 年，随着全球化、冷战结束和跨国问题的出现，全球范围内迎来了前所未有的智库大发展。智库不断发展的过程，也是相应政治生态和经济社会环境不断演变的过程，所以学界很热衷于对智库发展历史的考察。此部分包含的关键词有利益团体、新自由主义、公共政策、影响、治理，等等。

类别Ⅲ：智库的结构与功能。此部分包含的关键词有政治、公共意见、公共政策、民间团体等。

类别Ⅳ：智库的影响力与评价。智库如何发挥作用以及对它们影响力的评价是智库研究领域的前沿课题。一般认为，对智库的影响力进行评价能有效落实智库的咨询责任，提高其运行绩效，并成为改进政府公共部门与智库关系的有效机制。这一部分包含了评估、持续力、安全、管理、创新等关键词。

类别Ⅴ：智库的发展趋势：这一部分包含了专业知识、外交政策、全球治理等关键词。

第四章 智库的本质及类型研究

一、学者对智库现象的再认知

智库是指“以政策研究为核心、以直接或间接服务于政府为目的、非营利的独立研究机构”，又被称作“脑库”（Brain Tank）、“思想工厂”（Think Factory）、“智囊团”（Brain Trust）或“咨询公司”等等。[①] 通俗地讲，它就是储备和提供思想的“仓库”。该词由美国人发明，最早出现在二战时期，当时是纯军事用语，用于指称战争期间美军讨论战略和作战计划的保密室（类似作战参谋部）。二战结束后，“智库”一词开始用于称呼军工企业中的研究与发展部，其中最有名的当属道格拉斯飞机公司的研究与发展部。1964 年，美国前总统杜鲁门在庆祝 80 岁生日时，在讲话中用了“智库”一词，由此“智库”正式取代了“脑库”“智囊团”等称谓。[②]

对于智库的任何研究都必须从智库的定义开始，目前关于智库的定义较多，学者们主要通过单独定义或者进行智库分类来阐述自己对于智库的理解。具有代表性的观点有这样几种：叶海卡·德洛尔（Yehe zke Dror）认为智库是通过跨学科的研究专门致力于提高政策

① 参见中国现代国际关系研究所：《美国思想库及其对华倾向》，时事出版社 2003 年版，第 9 页。

② 参见 Alan J Day. *Think Tanks*: *An International Directory*. London: Longman. 1993.

质量和充当知识和权力沟通媒介的机构。[①] 而唐纳德·E. 埃布尔森（Donald E. Abelson）则认为思想库是由关注公共政策问题的个人组成的独立的、非营利的组织。[②] 斯通（D. Stone）认为智库是致力于公共政策问题分析的，独立于政府、政党、利益集团的非营利组织。瑞西（Rich）认为思想库是生产或依靠专业的知识、思想去影响政策过程或获得支持的非营利的、独立的组织。[③]

这其中最为广泛传播的定义之一是由肯特·韦弗（Kent Weaver）在20世纪80年代中后期设想出来并在90年代进一步证实的。[④] 韦弗本人就是一名智库分析家，主要对北美智库进行研究。在其对智库初始定义的修订版本中智库被定义为"非政府性、非营利性并且相对于政府以及诸如企业、利益集团和政党等社会利益团体而言具有实质上组织自治的研究机构"。只要不把接受政府项目和由政府提供基本资金的组织排除在外，文献普遍接受智库作为"非政府性"组织这一衡量标准。

但是这几大标准受到学界的质疑，比如哈特维希·波伊茨（Hartwig Pautz）就逐一审视反思了智库现象。[⑤] 他认为，"非营利性"这一标准，即便作为在大多数国家适用于智库的一个纯粹的法律特征，也应当抛弃；而对于那些享有慈善机构地位或免税地位的智库（在英国和美国的智库均是如此）而言，则更是如此。"非营利性"标准的提出，是基于只有经济利益动机才有可能损害意见独立性这一信念，而其他驱使智库与政府、政党或企业进行合作的动机，诸如在客户组织

---

① 参见 Yehezke Dror. Required Breakthroughs in Think Tanks. *Policy Sciences*. 1984（16）. pp. 199—225.

② 参见 Donald E Abelson. *Do Think Tanks Matter? Assessing the Impact of Public Policy Institute*. Montreal：McGill-Queen's University Press. 2002. pp. 3—4.

③ 参见 Zhu Xufeng，XueLan. Think Tanks In Transitional China. *Public Administration and Development*. 2007（27）. pp. 452—464.

④ 参见 K R Weaver. The Changing World of Think-tanks. *Political Science and Politics*. 1989（3）. pp. 563—578.

⑤ 参见 Hartwig Pautz. Revisiting the think-tank phenomenon. *Public Policy & Administration*. 2011（26）. pp. 419—435.

内部寻求（非）正式地位或获取特定的（政府性）数据集，并没有作为对机构活动和对智库分析家与客户之间相互关系具有潜在影响的动机进行讨论。可以说，这些合作动机当中的任何一个均有可能损害智库的独立性。此外，非营利性标准在一定程度上掩饰了这样的事实，即一家智库之所以开展活动，其实是因为它被委托（即被付款）进行策划，比如说策划一项具体的研究，或在大多数情况下是因为它已经成功地从各种不同的渠道（通常如此）获得相关项目的资金。从这两大途径中的任一个所获得的资金将用于所述项目，但同时也将有助于该组织的成长。因此，即使一家智库在活动当中经济利益方面全无所获，比如说使外部股东一无所得，它也仍然寻求通过参与政治、商务或第三部门而“获得”某些东西（组织的持续发展所需资金、联系信息、数据）。并且，如果令资金赞助人或其他赞助人对其所产生的结果感到失望，就可能危及其所获得的东西。因此，非营利性这一标准在过去被一种错误的二分法推波助澜，这种二分法把架构不同的组织区分开来，但是它们其实是在相同的环境之下实施相同的功能。一个组织是否以产生经济“利润”为目的而进行智库活动都不应与智库的定义挂钩。处理经济（非）独立性问题一条更好的途径是运用“财务自治”这一术语替代“非营利性”这一术语。前者描述了智库的首要能力，即从尽可能多的途径获取项目资金或基本运营资金，以确保其运营不致依赖于任何一位赞助人，而不是相反，即举例来说，受到合同约束而听命于唯一一家委托机构。①

波伊茨接着讨论了韦弗所说的第三个特点：相较于利益集团和政府的“组织自治”。应当坚持这一标准，以便将智库与追求单个企业或行业的狭隘利益（单一问题）的压力团体或“公关公司”及相关科研单位区别开来。尽管如此，必须承认，如果智库打算影响政策过程，则其必须物色并接近决策者，同时与决策者保持相对超脱的关系。同

---

① 参见 D Stone，A Denham，M Garnett. *Think Tanks across Nations*：*A Comparative Approach*. Manchester：Manchester University Press. 1998.

时，难免与上述观点产生紧张和矛盾的是，一个机构如果被归类为智库，那么学术自治于其而言是很重要的。它构成于若干“机构内部惯例，例如，制度化的同行评审机制以及公开的调查，而非定向研究”。①

基于这一调整，理解智库的组成要素可以使研究人员在研究智库时能够把更多元的对于某一既定政策进程的相关机构纳入研究视野，公正地对待变化当中的政策咨询布局，并不会由于前述原因而模糊智库与诸如压力集团等机构的界限。首要的是，在研究某一既定政策进程当中的智库活动时，必须将高校研究院所和管理咨询机构纳入研究范围。其中，后者在政策咨询领域已高调亮相，自“管理主义出现及强调采用财务管理工具打造高效政府”以来尤为如此。

咨询机构已经把公共部门视为客户，并且凭借其特有知识将越来越多的社会领域“殖民化”。咨询机构之所以日益介入公共部门，其原因之一是决策者们已经受到越来越大的促使其加强公共部门改革的压力。特别是自 20 世纪 80 年代以来，改革福利国家以及促使前国有垄断企业私有化已经列入决策者们的议事日程。鉴于改革的艰难性，社会政策领域的决策者们一直在寻求外力推动的改革，以克服“否决者”（Veto Player）的阻挠。② 政府已经发现，正如德国最近的福利改革所表明的那样，在绕过议会各委员会和社会合作伙伴方面，管理咨询机构是很有吸引力的合作伙伴。在这方面，全球均有设立的管理咨询公司麦肯锡（McKinsey & Partners）和罗兰·贝格国际管理咨询公司（Roland Berger Strategy Consultants）为联邦政府的改革努力起到了至关重要的作用，在此过程之中所提出的“新公共管理”理念发挥了重大作用，这一理念还有助于扩大对管理咨询机构所能提供的专业知识的需求。

---

① 参见 D Stone. Introduction：Think-tanks，Policy Advice and Governance，in D. Stone and A. Denham（eds.）. *Think-tanks Traditions. Policy Research and the Politics of Ideas*. Manchester University Press. 2004a. p. 5.

② 参见 G Tsebelis. Veto Players and Institutional Analysis. *Governance*. 2000（4）. pp. 441—474.

大学院校也已经以类似方式在政策咨询和专业知识市场上逐渐活跃起来。有些大学的机构已经明确设立起来，并以人员和财务独立于所在大学的身份与决策者打交道并进行相关活动。当然，这与大学在获得第三方资助方面所面临的越来越大的压力有关（比如说，大学本身日益独立于政府）。人们正不断强调研究工作应当产生“与用户相关的”（User-relevant）和“可应用的”（Applicable）研究成果。科研成果应当“创造不同”（Make a Difference），大学的这种变化与人们对研究工作的强调相一致。正是因为政府“以证据为基础的”（Evidence-based）政策制定需要寻求智力的支持，从而增加了政府对专业知识的需求。但也有迹象表明，各国政府正在越来越多地介入以委托和招标形式所进行的研究。① 在英国，关于“大学智库”方面，伦敦政治经济学院（London School of Economics and Political Science）就是很好的例子。该学院的经济效益中心（Centre for Economic Performance）和社会排斥分析中心（Centre for the Analysis of Social Exclusion）对工党政府自 1997 年以来的社会政策事项，甚至对工党 20 世纪 90 年代早期和中期执政纲领的现代化都发挥了关键作用。

在对非营利性这一标准进行调整之后波伊茨将智库定义如下：智库是非政府性的机构；在智力、机构和财务上，具有区别于政府、政党以及有组织性利益集团的自治性；组建智库以影响政策为目的。智库没有正式的决策权力，并声称保持政治中立，但往往毫不掩饰其意识形态立场。有些智库本身很少从事研究，而是委托外部专家进行研究或循环利用现有研究成果，而另一些智库则具有相当雄厚的内部研究能力。此外，智库打算通过智力争鸣而非幕后游说来改变政策。它们运用公益精神和“公共利益”的修辞。它们倡导理念、发展和保持政策网络，并向政策制定者提供专业知识。它们把其他国家政策发展的信息告知决策者们，从而促进政策学习。它们把理念开发成产品，

① 参见 C Hamilton&., S Maddison（eds）. *Silencing Dissent*：*How the Australian Government is Controlling Public Opinion and Stifling Debate*. Crows Nest. NSW：Allen and Unwin. 2007.

传播给由舆论导向人所组成的“有效公众”,[①] 并参加与公务员、决策者、商界人士以及学者之间的战略沟通。它们在不同政策领域的利益相关者之间架起桥梁，但它们并非被动的中介机构，而是为决策提供观念性话语的机构。它们的目标是经济收益或在其他方面获得好处，比如接触政府数据，或给他们超越竞争对手的优势。[②]

二、智库在政策制定共同体中的角色分析

即便学者们对于智库的本质有其自己的观点，但是不得不承认的是，不管在发达国家，还是在发展中国家，智库都在社会生活中占据越来越重要的地位，学者们也从各种各样的角度来诠释智库在政策制定共同体中的角色和重要影响。

目前，学者们倾向于从四种角度研究智库。第一，很多政治学家将智库看作是一种精英组织：依靠专业知识和政策制定者的密切关系帮助他们作为公司或慈善家的资助人推进他们的政治议程。这种看法已经渗透入“军事工业复合体”和“铁三角”。对于国防和安全问题的研究人士来说，军事工业复合体和铁三角这两个术语肯定不陌生。第二，智库被看作是越来越拥挤的思想市场的众多群体之一。和利益团体、工会、人权组织、环境协会和其他非政府团体一样，智库被认为是一类争取公众和政策制定者关注的“演员”。持有这种被广泛称为“多元方法”的学者不是把智库看作是精英组织，而看作是和上面的那些组织一样专注于影响重要政策辩论的组织。第三，一些学者虽然承认智库和其他非政府组织确实属于政策制定共同体的成员，但是他们同时也认为，与政府的权威和自主性相比，他们在促成公共政策方面

---

① 参见 R Desai. Neoliberalism and Cultural Nationalism. A Danse Macabre，in D. Plehwe，B. Walpen and G. Neunhfiffer（eds.）. *Neoliberal Hegemony*：*A Global Critique*. London：Routledge. 2006. pp. 222—235.

② 参见 D Stone. Recycling Bins，Garbage Cans or Think-tanks? Three Myths Regarding Policy Analysis Institutes. *Public Administration*. 2007（20）. pp. 259—278.

能够起到的作用极其有限。与一些认为公共政策受一些精英和或特殊利益团体控制和操纵的学者的观点不同，那些拥护“国家主义范式”的学者认为，国家的政策制定能够应该独立于各种各样的社会和政府压力。他们建议，不要让外部势力将他们的议程强加给国家，总统及其高级顾问在有关国家命运的问题上应该有最终的决定权。但是这种看法没有将大量从智库中招募来继续为国家利益说话的学者考虑在内。最后，还有一些学者不重视智库的精英性质、多元性质和国家主义性质和他们的政策环境，更重视他们的机构结构和这些组织自己的信仰。这些学者尤其看重智库的权力和资源，以及影响他们在政策制定过程中进行战略选择的很多因素，比如决定在政策制定的哪些阶段进行参与。

（一）将智库看成政策精英

较多学者认为，智库不但定期与政策精英相互沟通，而且他们还是整个国家权力结构的一部分。[①] 尤其是在智库经常成为新上任总统班子的智囊、高级政策制定人士卸任之后归宿的美国，智库经常被人们看作是影响公共政策的实力机构。美国一些智库数百万美元的预算、多位知名商界领袖和先前政策制定者名列董事会名单，更强化了智库就是政策精英这种印象。至少，富有的企业捐款人、慈善捐赠人和一些智库之间的密切联系让人们想到智库往往是一群“统治精英”的工具。为了回报对方的慷慨捐赠，智库往往会运用他们的政策专长和与关键政策制定者的密切关系来促成那些捐赠者的政治议程。[②]

通过仔细分析美国规模最大的智库与政府重要官员之间的互动情况，学者们可以作出这样的结论：智库在促成政策制定环境和重要政

---

① 参见〔美〕托马斯·戴伊著，张维等译：《谁掌管美国：里根时代》，世界知识出版社1985年版。

② 参见 John B Judis. The Japanese Megaphone：Foreign Influences on Foreign Policy Making. *The New Republic*. 1990（1）. pp. 20—25.

策制定方面起着关键的作用。不幸的是，因为像布鲁金斯和兰德（Rand）这样的机构很少，所以根据智库的性质和目标，它们是否有能力提升统治精英的利益？同时，智库作为参与政策分析的非营利组织，是否可以被看作精英？

当然，将智库看作是精英，确实可以为研究工作带来一些优势，比如，仔细分析智库成员和商界、政府领袖之间密切交织的关系，就会发现为什么一些政策机构比另一些的知名度和影响力更高。① 另外，通过追踪智库董事会成员名单，可以解释为什么一些机构能够筹集到多于竞争者的资金。一般来说，学者们很容易将智库看作是政策精英，因为那样的话，他们就可以笼统地认定谁在控制着公共政策。持有这种观点的大多数学者的逻辑是这样的：有意影响公众态度和公共政策的大型公司和慈善基金会求助于能够提供及时的相关研究的志同道合的研究机构。而智库迫于思想市场越来越激烈的竞争压力，为了获得大笔资金往往会不惜牺牲研究上的独立性和权威性。

虽然这种方法看似很有用，但是也存在一些问题。虽然这种观点让学者们清楚地看到了智库的资助方与经营这些智库的个人之间的密切关系，但是我们无法据此知道智库能否在政策周期的各个不同阶段施加影响，更无从知道如何评估智库对政策制定的影响。简而言之，精英观点认为：只要具备良好的关系，智库就能够也愿意影响公共政策。不幸的是，这种研究方法无法让人们知道，它们是怎样依靠这些关系来影响公共政策的。

（二）多元传统：众多声音中的一个声音

这种观点认为，智库只能代表构成政策制定共同体众多组织中的一种组织。② 这种观点深深地植根于西方的多元文化。它认为，智库

① 参见 G William Domhoff. *The Power Elite and the State：How Policy Is Made in America*. Aldine De Gruyter. 1990.

② 参见 David D Newsom. *The Public Dimension of Foreign Policy*. Bloomington：Indiana University Press. 1996. pp. 141－162.

和利益团体、工会、环境组织以及很多其他非政府组织一样，为了争取政策制定者的注意而经常相互竞争。[1] 因为政府只是被看作是监管这些团体相互竞争的仲裁人或裁判员，所以多元论者很少注意评估政府的优先考虑事项。在他们看来，公共政策不是某项政府职责的反映，而是团体竞争的结果。

这种视角下的智库研究具有一些优势。首先，它让学者们承认，虽然智库在决策共同体中的重要性有所增加，但是它们仍然是众多争取权力和影响力的组织中的一种。这种观点也提醒人们，智库和利益团体、其他非政府组织一样，都是运用相似的战略去促成公共政策。但是在另一方面，这种多元方法也存在一些严重欠缺之处。首先，虽然多元论者认为公共政策是团体竞争的结果，但是他们却不能深入说明为什么这些组织在影响公共决策方面要强于另一些组织。是不是成员最多、预算最充足、员工和资源最多的团体就可以决定谁有影响、谁没有影响？或者是其他因素，比如这些团体向选举活动捐赠的金钱的数量对于了解哪个组织会在政治竞技场中胜出更有说服力？另外，将智库仅仅看作是政策制定共同体中众多声音中的一个声音，多元论者忽视了一个现象：与利益团体和其他非政府组织相比，为什么政策研究机构往往更能够促成政府优先考虑事项。智库有一种能够让他们脱颖而出的特质。承认智库和其他类型的非政府组织之间的差异之后，多元论者很可能更不愿意承认所有团体都在同样的政治竞技场角逐这一观点。这些智库可能会凭借它们的专业知识和与政策制定者之间的密切关系，相互竞争影响力和地位，但是不一定每一个智库在政策制定共同体中的竞争对手都有几百个之多。事实上，在一些政策领域，智库面对的竞争微乎其微。同时，多元论者还必须承认，政策决定者可以从影响团体竞争中捞到好处，他们可以不做裁判，而是直接选择一个可以帮助他们提升议程的组织。

---

① 参见〔美〕杜鲁门著，陈尧译：《政治过程——政治利益与公共舆论》，天津人民出版社2005年版。

（三）为了国家利益：国家主义角度

国家主义这个概念强调的是国家可以独立自主地制定自己的目标，并且可以不顾国际和国内的阻力实现既定的目标。国家克服国内阻力的能力取决于它用来控制自己社会内部各团体的工具。[①] 在美国控制外交政策的是中央政府的总统和国务卿，以及最重要机构——白宫和国务院。正因为如此，将国家理论运用于智库政策的研究具有一些优势，它有助于解释智库员工怎样直接参与关键政策的决定过程。因为白宫和国务院是外交政策制定过程中最为重要的参与者，学者们不必追踪智库影响国会和媒体的努力，只需了解总统、国务卿和最亲密的顾问之间的关系即可。如果有迹象表明智库的某个成员先前担任过顾问，或者曾被招募到白宫或国务院工作，那么，就可以认定，他曾经直接参与过政策制定过程。毕竟，如果总统和国务卿是政策制定过程中最有影响的参与者，并且他们经常征询智库专家的建议，那么，就能顺理成章地得出这样的结论：智库就可以影响政策决策。国家理论认为，相反，如果没有证据表明智库曾经接近过政府的高层部门，那么，就可以认定，智库在影响国家行为方面的作用很小。简而言之，国家理论可以解释智库是否影响了政策制定。

但是，国家理论并不是完美的，虽然它有助于解释为什么一些总统，如理查德·尼克松，能够让自己远离国会和美国公众的干扰，[②] 但是由于同样的原因，这个视角难以解释这一现象：为什么最近好几届总统在作出重要政策决定之前总是要不遗余力地咨询公众、国会成员、外国政府、国际组织和很多非政府组织？随着外交政策制定过程变得越来越透明，越来越多的政府和非政府部门组织要求参与外交事务时，国家理论的支持者就越来越难以解释国家的相对独立性，他们

---

① 参见 Stephen D Krasner. *Defending the National Interest：Raw Materials Investments and U. S. Foreign Policy*. Princeton University Press. 1978.

② 参见 Arthur Meier Schlesinger. *The Imperial Presidency*. Houghton Mifflin Company. 1973.

尤其难以解释为什么美国国会对外交政策那么感兴趣。[①] 归根到底，国家理论的倡导者和批评者都承认，总统的决策可以深入影响美国在国际社会中的行为。但是，在最近几年里看到，总统怎样进行政策决策完全取决于他们的管理风格和倾听内部顾问班子的意愿度。

（四）智库：从机构自身的角度

这种视角将智库看作是优先考虑事项和关注议题千差万别的组织，而不是把他们看作是政策精英、国家或广泛的政策制定共同体中的一员。这种视角下又出现了截然不同的研究方法：

第一种方法或趋势代表了大多数学者的观点，即专注于研究具体智库的历史或智库在所在国家中的演化和角色的变化。为此，一些学者编写了布鲁金斯学会、外交关系委员会（Council on Foreign Relations）、传统基金会（Heritage Foundation）、兰德公司等机构的历史。很多研究报告也详细地阐述了美国、加拿大和其他发达国家和发展中国家中智库的崛起。深挖智库历史的优势是，可以获得有关这种组织的性质和使命、先后实施的研究项目、经历的各种机构变革等方面的大量信息。[②] 但是，主要的劣势是，很多研究作品只是简单地罗列历史，能够说明某个智库在促成具体公共政策方面起了重要作用的具体数据很少。

第二种方法是更为系统的机构研究法，是专注于研究智库参与公共政策学者所说的认知共同体或政策共同体的情况。[③] 政策共同体或认知共同体的形成经常被看作是政策制定和制度形成的关键阶段。通过在政策共同体框架或认知共同体框架里深入分析智库，学者们可以发现一些重要结果，首先，通过专注于政策问题，可以更好地甄别哪

① 参见 Barbara Hinckley. *Less Than Meets the Eye*：*Foreign Policy Making and the Myth of the Assertive Congress*. The University of Chicago Press. 1994.

② 参见 James Allen Smith. *The Idea Brokers*：*Think Tanks and the Rise of the New Policy Elite*. The Free Press. 1991.

③ 参见 William Donald Coleman，Grace Darlene Skogstad. *Policy Communities and Public Policy in Canada*：*A Structural Approach*. Copp Clark Pitman. 1990.

些组织和个人曾受邀与政策制定者分享他们的观点，这个方法还可以让我们更多地了解政策制定过程本身的性质。政策共同体框架或认知共同体框架可以使得学者们深入钻研政策制定的机制。这个方法没有将政策决定看作是利益团体相互竞争的结果或是精英利益的反映，而是要求学者认真地思考非政府政策专家和政府政策专家之间的讨论怎样影响政策制定。

运用这一方法还有很多其他优势。一旦甄别出参与影子政府的演员，就可以比较参与者提出的建议方案与最后实际的政策决定之间的异同。虽然会议备忘录、个人信函、向立法委员会做的观点陈述等信息也无法让学者们完全确定政策共同体中的哪个参与者在其中产生的影响最大，但是，这些资料和其他资料可以让我们大致了解到当时哪个参与者的观点最受青睐。

当然，这个视角也存在其不足之处：仔细分析政策共同体内的智库有助于甄别政府在制定政策的关键阶段曾向哪些智库征询建议，但是它不能告诉我们政策共同体内的智库或者是在影子政府外部运作的智库对促成政策态度、政策偏好和决策者选择有什么影响。这个方法虽然可以告诉我们，在讨论相关问题的时候，坐在会议桌周围的有哪些人，但是它不会清楚地告诉我们，谁的建议正好中哪些有能力影响政策决定的人的下怀。因为我们不能假定所有或部分重要的政策决策是在某个政策共同体内部作出的——毕竟，进行立法投票的是政治家，而不是政策专家。①

三、智库的类型研究

智库的角色诸多，这导致在过去几十年，出现了若干个不同的智库组织形式，它们在运营方式、招聘模式和对于研究的学术标准的客

---

① 参见 Donald E Abelson. *Do Think Tanks Matter? Assessing the Impact of Public Policy Institutes*. McGill-Queen's University Press. 2009. pp. 49—74.

观性和完整性的追求上风格迥异。

学者们正是基于不同的分类依据对林林总总的智库进行了分类。有人根据五种标准对美国的智库进行分类，如：（1）按起源，可分为大富豪出资建立、政府组织资助成立、社会中“志同道合”的力量倡议集资而建、离任总统或者为纪念某个政治人物而设立四类；（2）按规模，可分为大型、中型、小型三类；（3）按资金来源，可分为受政府资助型（合同型）和基于社会力量筹集型两类；（4）按隶属关系，可分为独立的民间研究机构，依附于政府、接受政府或其所属部门的委托进行研究的机构，依附于大学的研究机构，党派隶属的研究所四类；（5）按政治倾向，可分为自由派、保守派两大类。其中又可分出中—左、中—右等流派，统称中间派。①

又有人把智库划分为两大基本类型，即“自上而下”型和“自下而上”型。“自上而下”型智库是由政府创立和出资，也向政府报告工作的智库。由政党创立、出资也向政党报告工作的智库也包括在这一类。世界上为数众多的智库大多是自上而下型的，它们由政府机关或政党创建，因而十分常见。但这种类型的智库有其固有的内在弱点。由于其资金来源于政府部门或政党，它们难以对领导它们的部门提出批评，这样，自上而下型智库的所言所行就有局限。它们能帮助政府创新思想，但很难对国家的根本政策方向提出挑战。

自下而上型智库与此不同。其资金来自捐赠。这类智库的优势是能够对政府的政策方向自由提出质疑和批评。其劣势是它们自始至终必须自己筹措资金，这样它们在不断寻求资金支持的同时必须竭力保护自身的客观性和诚实性。自下而上型智库在美国最为多见。② 智库研究学者迈甘则在总结美国智库特征的基础上将智库划分为七类。③

---

① 参见中国现代国际关系研究所：《美国思想库及其对华倾向》，时事出版社 2003 年版，第 26—28 页。

② 参见 John J Hamre. The Constructive Role of Think Tanks in the Twenty-first Century. *Asia-Pacific Review*. 2008（2）.

③ 参见 James G McGann. *Think Tanks and Civil Societies*：*Catalysts for Ldeas and Action*. Tran saction Publishers. 2002. pp. 1—37.

（1）学术多样型。这类智库的文化和结构基本类似于大学，它们就范围和领域广泛的各种政策问题如经济、对外政策、环境等展开研究和分析，不同之处在于它们没有学生。这使得有些人把这类智库称为“没有学生的大学”。（2）学术专门型。它们与学术多样型智库的主要区别是专门化程度不同。这类智库多集中于某一领域如经济，或甚至某个专门问题如社会福利改革。（3）合同研究型。这类智库的大部分研究和分析工作是按照与政府部门签订的有关合同进行的。（4）政策推销型。这类智库通常竭力倡导和主张特定的政策、哲学或观点，它们所从事的分析常具有鲜明的党派界限。（5）政策事业型。这类智库努力发展新的或创新的方式以直达其影响对象即政策制定者。它们把打包和营销其政策主张置于优先地位，它们与学术导向的、从事更为传统的公共政策研究和分析的智库形成了鲜明对照。（6）文字或出版型。作为政策事业型智库大增的一个结果，一些机构将自己确定为从事写作或出版工作。这些机构确定政策研究中的热点问题，筛选作者，获取资金和出版者，然后开始在学界、政策制定者和媒体中间宣传这些著作及其著述。（7）州级智库。这类智库立足于某一个州，所关注的问题是该州的，通常从事对本州或本地区问题的研究。①

以上分类显然都有道理，不足是对各种类型智库的分析还过于简单，其实国外智库研究市一开始就特别注重观察不同的智库的组织形式，在政策周期的不同阶段对于公共政策的影响，也正因为如此，西方学界多位学者是结合西方几个比较大的智库实例来对形形色色的智库做出进一步的区分，主要将它们分为以下几种类型：

（一）没有学生的大学

国外学者认为，长久以来，智库领域都是被一少部分组织所垄断了，这些组织粗浅地可被分为两种类型：“没有学生的大学”和非营利性政府研究缔约者。没有学生的大学倾向于具有倚重学术研究的特征，

① 参见任晓：《第五种权力：论智库》，北京大学出版社 2015 年版，第 82—84 页。

它们的资助主要来源于私人部门，它们的主要研究产出就是像书本一般厚的研究。尽管它们也经常提出一些立法建议，但是它们的眼界主要还是关注于那些长远的、能够改变精英意识的环境。

布鲁金斯学会是这种类型智库的鼻祖，它成立于1927年，是由三个其他的研究所并购而成。布鲁金斯强调严格的学术标准，重视客观和没有党派性的研究。这也是布鲁金斯的管理者和领导者定下的规矩，当然，布鲁金斯学会也一直在努力遵守着这一标准。但是有意思的是，布鲁金斯学会首先是在作为罗斯福新政中保守派的反对者而名声大振的，其后在伟大社会运动中又成为了自由主义的支持者，现如今又在为成为中间派而努力着。但不管怎么样，布鲁金斯学会确实对于出版长篇大论的研究报告更感兴趣。它里面的很多研究人员都是政治科学和经济学的博士，有一些之前还是记者和政府官员，当然也有一些具有上述所有的身份。

美国企业公共政策研究所（American Enterprise Institute for Public Policy Reseach）的历史没有布鲁金斯学会久远，它是作为一个保守派的研究所而出现的。美国企业公共政策研究所传统上与商业社团保持了紧密的关系。1987年的时候，其资金的63%来自企业。它也曾非常依赖非自己本身的研究人员。但是1970年的时候，它和布鲁金斯学会在研究人员组成和研究产品方面已经非常相似了。一般来说，在政治谱系上，美国企业公共政策研究所在一端，斯坦福大学胡佛战争、革命与和平研究所（The Hoover Institution on war，Revolution，and Peace）在另一端。这三所机构都十分庞大。

除了这些研究主题十分宽泛的研究所，还有一系列其他的研究机构崛起了，它们是后来者，规模较小，以华盛顿为依托，同样强调严格的学术研究和对学术研究者的依仗，只不过它们的研究范围变小了。这里面的代表有国际经济研究所（Institute of Internat Economics）、战略与国际研究中心（Center for strategic and International Studies）和卡内基国际和平基金会（Carnegie Endowment for International Peace）等等。

“没有学生的大学”这样一个标签带来了一个问题，即如果这些机构和大学所从事的事情一模一样，那它们存在的必要性在哪里？对这个问题国外学者给出的答案是：这两种类型的组织所做的研究经常是有少许区别的。首先，大学里的研究者面临着一系列不同的激励：关注重大的政策问题和政策过程并不会比对本学科作出了理论贡献获得更大的激励；而对于智库而言，这种关系就是相反的；其次，大学里的研究比智库的研究也更少与其他的政策倡导者和政策研究者联系。正是这两方面的原因，所谓“没有学生的大学”会比真正的大学更为适应政策争论。

学者们认为，这里并不是不要讲智库内部不存在紧张关系，最为重要的一对紧张关系正是在专业的学术研究和政策辩论之间产生的。决策者们通常没有时间，也不愿意阅读长篇大作。关于布鲁金斯学会有这样一个老笑话：我们的著作为政策制定者而写，但是却是被大学生所看。所以大多数智库的管理者都通过调和智库的产品来满足影响当下政策辩论的需要，比如美国企业研究所就出版了一系列关于当前热点的小册子。

（二）合同型研究组织

国外学者研究表明，智库的第二种类型是合同型研究组织。这种类型智库里的研究者更乐于为政府机构写著各种研究报告，而不是为了学术听众出版大部头著作。实际上，这些研究可能并不会与广大普通民众见面，除非政府机构同意其出版，而对于研究者而言，他们的研究计划制定也是看政府机构最有可能会资助哪个项目。

这些智库中的绝大多数都与特定的政府机构有联系。兰德公司，比方说就是美国国防部的一个重要合作者，虽然它也为其他政府机构和基金会做研究。来自美国国防方面的定期资助使得兰德公司成为迄今为止最大的智库。1986—1987 年度的收入接近 7700 万美元。城市研究所（Urban Institute），最开始的定位为“城市研究中的兰德”，也非常倚重项目评估中的联邦合同。

学者指出，没有学生的大学和合同型研究组织之间具有很大的不同，但是它们之间也有很多重要的相似之处。一样重视高学历人才和对客观分析。不过，合同型的研究人员同样也带来了一个问题，为什么他们不可以在其他地方工作，特别是在政府机构里面呢？一个通俗的解释是，合同型的研究者可以有效让政府机构在国会控制的人事编制方面更为灵活。因为合同型的研究人员不是政府机构的雇员，他们不必被计算在编制之内。政府机构也将这些研究人员看作外部的一个声音，也许可以用来消解政府机构内部的纷争。机构领导和他们所负责的机构也可能认为，合同型的研究人员将会在论述许多批评性的意见时更为自由。当然，合同型的研究人员经常面临着遵守机构准则的压力，特别是他们高度依赖于某一个机构的时候。但是这种压力在一定程度上可以被这些智库对保持客观专业的名声的自我需求所抵消。但不可否认的是，这两者中间的矛盾和冲突是一直存在的。

（三）倡议型智库

一种特殊的新智库模型最近一些年得到了快速发展。学者们认为，尽管它们之间存在很多区别，但是它们都统一被冠上了一个标签“倡议型智库”。倡议型智库具有很强的党派性、意识形态性和政策倾向，同时它们也利用超强的推销术企图影响当下的政策辩论。倡议型智库综合和强化现有研究，而不再关心某一问题的原有研究，对学术性的缺乏反而有利于他们更好地接近政策制定者。比如传统基金会，就一直致力于将它的政策问题报告弄得非常简略，能够方便得在去机场的路上都能阅读。

国外学者研究发现，倡议型智库的建立有很多原因。它们中的很多是有党派倾向和意识形态认同的，就像传统基金会一样，另外一些与特定的利益或者组织关系密切。在 1988 年的选举期间，很多的总统候选人都发现建立自己的智库是一种资助他们自己的政策建议实施的好办法，这绕开了联邦选举委员会和美国国税局对于政治捐赠的有关条例。

倡议型智库在影响政策辩论方面同样经历困境。最为重要的困难是时刻保持视野清楚，而不会因为被认为是固执或者可预测的因而被忽视。①

（四）政党型智库

国外学者指出，这类智库的成员由当前或前任的政党官员、政治家和政党成员组成。他们都希望能够借助该机构好好宣传他们的政治主张和意识理念。政党型智库紧紧围绕着政党的主张和平台开展工作，其研究课题受政党需求的影响较大，通常就特定问题准备资料，以便决策者进行谈判、制定政策或在国会中答复询问。这一类智库在西欧比较常见，中国台湾国民党在2000年“政党轮替”后成立的所谓“国家政策研究基金会”即属于这种类型的智库。

（五）政策社团

还有一种类型的智库比较特别，学者们列举加拿大绝大多数智库都具有这方面的特征：在社团里，大学教师、政策分析人士、偶尔还有政策制定者，共聚一堂，一起讨论相关的公共政策问题，而不是像政策研究机构那样提供长期战略分析。这些机构在资源方面也不能和政府部门或大型行业协会相竞争。

国外学界普遍认为，这几种智库的常见形式并不是截然分开的，它们之间具备很强的联系，比如学术型和合同型这两类智库都倾向于招募学术造诣高的员工（比如名声好的大学的博士生），两者都重视严密的社会科学方法并志在使广大客户意识到它们的研究客观且可信。但它们在资金来源、主题设置和产出上则差异很大。学术型智库的资金来源包括基金会、公司和个人资助。它们的研究课题通常内部设定，并且至少部分是自下向上的过程，其中研究者起到重要的作用，但是

---

① 参见 Kent Weaver. The Changing World of Think Tanks. *Political Science and Politics*. 1989（3）. pp. 563—578.

投资方在这类学术型智库的研究课题设定中逐渐活跃起来。为了展现学术培训和研究方向，学术型智库的研究产品经常以专著和期刊文章的形式刊登出来。合同型智库的资金大多来自政府机构，通常资助机构的作用是设定题目，且产出一般为向那些机构提交报告，而不是常见的书籍和论文。

而倡议型智库和政党型智库之间也颇有渊源。倡议型智库在维持形式独立性的同时，也与特别的意识形态集团或利益团体相挂钩。在决策过程中，它们倾向于为赢得一场思想战争而发挥作用，而不是无私地寻求最好的政策，许多对基础研究不感兴趣的非学术型智库都是其中的一员。它们经常从特定的利益团体（保守型智库从市政委员会、自由型智库从工会）不均匀地获取资源。智库从政府、政党和利益集团获取的资金通常比大学多得多，但它们的学术造诣低于社会科学专家——然而事情并不总是如此。研究产品大多是倡议性质的简报，而不是大部头的著作——美国传统基金会就是一个典型的倡议型智库。由于决策者基本没有时间去翻看冗长的学术文章，所以像美国传统基金会这样的智库就发布简报，简明而清晰地阐述政策的含义和观点。对于那些因时间有限而不大可能通读这些学术文章的政策制定者而言，这些组织可以更好地辅助决策和传播信息，从这种意义上来说，这就比只依靠学术文章更显优势。

类似地，政党智库围绕政党的主张和平台开展工作，其员工由当前或前任的政党官员、政治家和政党成员构成。其研究课题通常受政党需要的影响较多。这一类智库在西欧颇为流行，尤其是在德国，这样的机构在智库中占据着主导地位。美国不像欧洲那么常见，但是也会资助类似公共类型的智库。

这几种理想类型的智库各有优劣。学术型智库因为重视学术客观性和员工在社会科学方面的造诣，所以要在研究的学术客观性和完整性与政策相关性之间做出抉择。学术界人士通常倾向于前者，但是决策者对简洁、清晰、无关资质的研究结果以及学者们经常在结论中涉及的中立结论更感兴趣。

合同型智库在政策相关性方面比学术型智库更有优势，因为决策者想要知道的答案形式通常较固定。他们的不安主要是需要在学术客观性和客户政策喜好之间进行取舍，尤其是面对他们非常依赖的客户时。当研究的赞助者或客户有明确的喜好时，赞助者很可能会尝试左右或者拒绝公布他们所不希望形成的研究结果。至少这种不安可能会威胁到研究的客观性。

倡议型智库侧重于价值定位，通常在特定的政策议题中占据一席之地，它们所面临的压力来自在客观性和完整性前提下维持一致的价值定位。如果它们的信息被认为反映的是一成不变的价值，而不是“客观”分析时，很可能会被许多潜在的拥护者所忽略。类似地，政党附属的智库在客观性、可靠性和独立性上都有不足。当它们的政党失去权力的时候，它们在接近政策制定者和影响决策方面将受到很多限制。[①] 政策社团比较灵活，但是在支持资源的获取方面不能和其他智库同日而语。

① 参见 James McGann，Richard Sabatini. *Global Think Tanks*：*Policy Networks and Governance*. Routledge. 2009. pp. 20—23.

第五章　智库的形成与发展脉络研究

一、国际智库的发展历程研究

国外学者对于如何定义思想库以及第一个思想库何时建立一直莫衷一是。一些人坚持认为典型的思想库在 20 世纪初开始出现，另外一些则认为当代思想库的雏形最早在 20 世纪晚期出现。比较有代表性的观点是：詹姆斯·迈甘（James G. McGann）将美国思想库的发展分为四个阶段：1900—1929 年，以布鲁金斯学会的成立为代表，重大影响因素是第一次世界大战；1930—1959 年，以兰德公司为代表，重大影响因素是第二次世界大战；1960—1975 年，以城市研究所为代表，重大影响因素是反贫困之战；1976—1990 年，以传统基金会为代表，重大影响因素是思想意识形态之战。①

也有学者认为，20 世纪 70 年代到 80 年代是美国思想库发展的第三个阶段，重要影响因素是政治意识形态型思想库，也称政策宣传思想库的产生，它们的首要目标是推销政治主张，向政策制定者灌输思想，并通过各种政府和非政府的渠道，对政府的政策制定施加影响，这一类思想库主要有传统基金会、政策研究所等。将成立于 20 世纪 90 年代的政治家后援型思想库划分至第四阶段，一般由具有政治雄心的人物或支持者、离任后试图进一步推进其政治和意识形态主张的前

---

① 参见 James G McGann. *Think Tanks and Civil Societies*: *Catalysts for Ideas and Action*. Transaction Publisher. 2002. pp. 1—37.

总统等创办。这类思想库较有代表性的有卡特中心、尼克松和平与自由中心，二者都确立了广泛的研究范畴，并且从目前的发展来看，这些思想库更关注推出或至少是重新包装能给政治家的政策纲领带来具有可信度的思想。①

本章将介绍国外学界主流的四阶段观点，也就是将智库的发展分为四个阶段：从 20 世纪初到二战前、从二战结束至 20 世纪 60 年代、从 70 年代到 80 年代以及冷战终结之后。

（一）从 20 世纪初到二战前

国外学者们研究发现，智库的兴起跟进步主义运动之间有很大关联。进步主义兴起于 19 世纪末 20 世纪初的美国，在其早期有两大潮流，即改革和重建。后来历史学家就将 20 世纪初的许多改革并称为“进步主义”。进步主义有三个特征：一是反对大工业的发展带来的唯利是图和阶级鸿沟，反对自由放任；二是其信念植根于对人类趋向进步的能力抱持乐观态度；三是相信干预主义，认为国家应发挥积极作用。②

科学发展也对进步主义的方法和目标产生了广泛的影响。许多有影响的改革者是统计学、经济学、社会学和心理学等新兴学科中的专家。这些新兴的社会科学工作者开始汇集有关人类实际行为的资料，探求指导这些行为的规律。由于社会科学家们接受了环境主义和干预主义的思想预设，他们相信有关自然规律的知识可以帮助人们找到解决办法并用来改善人类的境况。这一信念加强了进步派人士的乐观主义，决定了他们所运用的方法，即通过调查确定社会事实，把社会科学知识运用于其分析；委托不同领域的专家来决定如何做，以及授权政府来推进改革。

研究发现，正是在这一历史背景下，大致开始于 20 世纪初，美国

---

① 参见袁鹏：《美国思想库：概念及起源》，《国际资料信息》2002 年第 10 期。

② 参见 Arthur S Link，Richard L McCormick. *Progressivism*. Harlan Davidson. 1983. pp. 21—22.

开风气之先，由富裕的私人捐资成立了 20 世纪基金（Twentieth Century Fund），罗素·赛奇基金会（Russell Sage Foundation，1907 年建立），卡内基国际和平基金会（Russell Sage Foundation，1910 年建立），胡佛战争、革命与和平研究所（1919 年），布鲁金斯学会等。进步时代的一个重要观念是使知识为政府决策所用，这通过像罗伯特·布鲁金斯这样的慈善家慷慨的捐赠而部分地得到了实现。事业成功的圣路易斯商人罗伯特·布鲁金斯先后于 1916 年创建政府研究所、1922 年创建经济研究所并于 1924 年建立罗伯特·布鲁金斯经济与政治研究生院。1927 年，通过合并上述三所机构，他建立了布鲁金斯学会，作为一个独立的研究机构，致力于解决有关政府和经济的各种问题。

第一次世界大战的发生及其毁灭性的影响，催生了第一波智库热，其中最有代表性的是英国国际事务研究所（The British Institute of International Affairs）于 1920 年建立，1926 年易名为皇家国际事务研究所（Royal Institute of International Affairs），以及于美国纽约的外交关系委员会。

独立、才智、讨论、学问和发表，旨在除政府之外而对国际问题感兴趣的政治和社会精英提供思想和信息，这就是 1919 年后 50 年间一个又一个国家所接受的外交政策智库模式。除了纽约的外交关系委员会和伦敦的英国国际事务研究所是一对“双胞胎”外，出席巴黎和会的德国代表团也在汉堡建立了一个类似的机构，但在 20 世纪 30 年代纳粹时期被关闭。战后，在波恩建立了德国外交政策学会（The German Council on Foreign Relations），延续了战前在汉堡从事的工作。20 世纪初，德国还出现了另一些研究机构。其早期智库有基尔世界经济研究所（Institut für Weltwirt—schaft an der Universitat Kiel，1914 年建立）和德国经济研究所（Institut der Deutschen Wirtschaft，1925 年建立）。由于德国动荡的历史和先后发生的两次世界大战，其智库变化较多。如法兰克福的中国研究所（China Institut，Frankfurt），二战前是德国中国研究的一大中心，在战争中完全被战火所破坏。战后，出于对中国的现状进行研究的需要，联邦德国在作为对华贸易根据地的汉堡设立了新的亚洲研究所（Institute for Asian Studies）。亚洲研究所是独立的机关，不属于汉堡大学，经费依靠商业联合会和贸易公司的捐助。亚洲研究所和设在附近城市基尔的世界经济研究所在业务上相互合作，曾设想以基尔的世界经济研究所为中心进行中国经济的研究分析。①

在20世纪二三十年代的英美世界中，今天已牢固确立的“学术”与“政策”研究的分际在那时几乎不存在。比如历史学大师汤因比，他的职业生涯开始于牛津贝利奥尔学院（Balliol College，Oxford），专长是研究希腊及古代历史。在两次世界大战中，汤因比均进入政府部门任职，成为临时文官。一战后他成为伦敦大学国王学院的全职教授，接着出任伦敦经济政治学院的斯蒂文森讲座教授及皇家国际事务研究所研究部主任。大家在学术界、政府和政治的不同世界之间进进出出，并没在意它们之间的分界。每个人实际都是兼任数职，任职机构和活动也经常交叉。

在亚洲，早在第一次世界大战之前，日本就出现了与今天所称智库类似的机构，如一战前为日本军国主义对外侵略服务的满铁调查部（1907年成立），便是一个典型的知识集团，其他诸如大原社会问题研究所（1919年成立）、三菱经济研究所（1932年成立）等等，不胜枚举。② 日本投降后，那些曾一度为日本军国主义侵略扩张服务的研究机构均被撤销，因此，以1945年为界，政策研究机构在日本呈现出不同的面貌。

对一战后的世界和平，人们都曾怀抱美好的希望，然而好景不长，后来历史的发展表明，20年的和平实际上变成了20年的休战。

在这一态势下，美国面临的威胁也明显增大，一场促使美国放弃中立、支援英法两国的运动兴起了。外交关系委员会站在了这场运动的前列，为制定美国的政治、经济及战略目标而设立了“战争与和平

① 〔日〕村松佑次著，中国科学院哲学社会科学部学术资料研究室译：《外国对中国的研究》，商务印书馆1966年版，第129—130页。

② 徐之先、刘挹林：《日本的脑库（修订本）》，时事出版社1989年版，第6页。

研究计划”。外交关系委员会感到，有必要设立这样一个专门项目，作出独立的分析和研究，为未来战争中的美国外交政策提供指导性意见，也为战后的新世界提供某种规划。这一项目后来被称为“战争与和平研究”，并得到了洛克菲勒基金会（Rockefeller Foundation）的资金支持。外交关系委员会的领导者相信，有必要设计出一种新的世界秩序，而这项工作正是该会应该承担的。

在此后五年间，大约有100位人士参加了战争与和平研究。他们划分为四个功能性专题小组：经济和金融、安全与军备、领土问题，以及政治小组。这些小组和委员会召开了250多次会议讨论，大多数在纽约举行。它们向美国国务院提供了多达682份备忘录，也提供给其他相关政府部门参考。①

这项庞大的研究工作的目的就是直接向美国政府提供思想和建议，施加影响。外交关系委员会于战后发表的正式报告指出，战争与和平研究项目的“真正的试金石”是“这项研究对政府究竟有多大的用处。这是指导委员会和各研究小组报告起草人一直铭记在心的准则，特别是在考察已完成的工作及计划未来的新工作时更是如此”。② 这项重大的研究，为战争的胜利，以及后来联合国、世界银行、国际货币基金组织的建立作出了重要贡献。从中可以看到，战后美国崛起为超级大国并长期保持这一地位，并不是无来由的，而是有其思想和智慧基础的。

（二）从二战结束至20世纪60年代

战后不久，美苏即开始了冷战，两大集团、两大阵营对峙并展开竞赛，核战争的阴云笼罩着世界。国外学者研究表明，当时所有的智库都不得不直面这一严峻的现实，并对其做出回答。所以学者们普遍

① 参见Peter Grose. *Continuing the Inquiry: The Council on Foreign Relations from 1921 to 1996*. Council on Foreign Relations Press. 2006. p. 23.

② 参见〔美〕劳伦斯·肖普、威廉·明特著，怡立等译：《帝国智囊团》，上海译文出版社1981年版，第114页。

认同，这一阶段的智库有其特殊性，也就是这一阶段智库研究的首要任务也是最优先的研究领域，就是在当时美苏之间展开的军备竞赛背景下，各国如何在这场竞赛中胜出。

这就要求对科学技术的未来发展以及这些发展能够导致产生何种武器系统作出最佳猜想。更重要的是，必须努力设想对这些武器系统进行配置的不同方式，以及相应的国家战略、学说和策略。然后需要分析国家或国家集团可能冒战争风险或受到战争威胁，以及从小规模的到全球的各种战争及其后果能够设想的无数种形式。对这些假设性的未来前景进行研究，对于理解军备竞赛、制定正确合理的防务和军控措施绝对是基本的。此外，研究的设计应提供政治学、经济学、法学、心理学和人类学以及军事科学各领域多学科的有效会通。若不对未来的各种可能性进行这样广泛的探索，作为竞赛一方的举措就很可能只适用于过去 10 年而不适用于下一个 10 年。

当时，苏联成功地把人类第一颗人造地球卫星送入太空，这一举动在美国政府内外造成强烈震撼。美国感到迫切需要全面考察对外政策，从而不致在美苏竞争中落后。1958 年，美国参议院外交委员会根据美国第 85 届国会参议院第 336 号决议，决定“对美国的外交政策进行一次充分而全面的研究”。1958 年 10 月，该委员会拟定了 15 个研究题目，由美国参议院拨款 30 万美元，分别委托美国的一些重要研究机构进行研究并提出报告。在这 15 项重要议题的研究中，基于大学的智库与独立研究机构平分秋色，大体各占半壁江山。可见，在 20 世纪 50 年代末 60 年代初，置身大学之内的智库占有举足轻重的地位。其后，各类大大小小的新型智库又不断建立，但大学作为最稳定的一种组织，其相关研究机构在今日众多智库争奇斗艳、相互竞争的格局下依然是极重要的一支“方面军”。

1958 年是欧洲智库建设的一个重要年份。当时，一批英国人士深感世界已经进入了“核时代”，安全问题更为复杂和紧迫，在苏联核力量不断增长的情况下，美国核保护伞的“可信性”有朝一日会发生动摇，而欧洲的力量已经“复兴”，应该而且也有了可能去认真开展战略问题的研究。特别是苏伊士战争和匈牙利事件后，英国政界、学界和新闻界痛感久负盛誉的皇家国际事务研究所未能充分发挥作用，没有引起公众对防务问题的重视。于是，由英国学术界、政界、宗教界和新闻界人士于1958年在伦敦建立了战略研究所（Institute for Strategic Studies），并确定研究所的任务是“研究核时代日益复杂的安全问题”。①

受美国外交关系委员会和英国皇家国际事务研究所等智库的启发和激励，日本的思想界精英也产生了建立自己国家政策智库的想法。不过在相当长的时间内，日本国际问题研究所都是形单影只的日本智库，直到日本经济突飞猛进、国际影响日益扩大后，日本的智库才繁荣起来。

在美国，20世纪60年代是外交政策智库集中诞生的一个时期。美国大西洋理事会（Atlantic Council）建立于1961年，当初的目的是旨在发展并加强大西洋共同体，后来逐渐扩大了研究和工作范围。60年代还诞生了战略与国际研究中心、赫德森研究所（Hudson Institute）等智库。

北欧国家在很多方面具有自己的鲜明特色，在智库方面也是如此。美苏冷战时期，北欧各国可说是在两大阵营的夹缝中求生存，在东西方之间扮演了某种特殊的角色。另一方面，北欧国家又在多年间形成了自己的传统和思想倾向，追求和平中立，也在和平研究方面独树一帜。1959年，北欧地区第一家和平研究机构奥斯陆国际和平研究所（Peace Research Institute Oslo）建立。建所资金是经由民间渠道筹集的。这一资金来源的模式，与数年后建立的斯德哥尔摩国际和平研究所（Stockholm International Peace Research Institute）基本上由瑞典政府出资截然不同。

而在亚洲，新加坡东南亚研究所（Institute of Southeast Asian Studies）、韩国开发研究院（Korea Development Institute）也是在20

① 张静怡：《世界著名思想库——美国兰德公司、伦敦国际战略研究所等见闻》，军事科学出版社1985年版，第17页。

世纪 60 年代建立的。日本的亚洲经济研究所（Institute of Developing Economies）则成立于稍早前的 1958 年 12 月，1960 年，根据日本国会通过的“亚洲经济研究所法”，研究所改为特殊法人。特殊法人是出于公共利益及国家政策上的需要，根据特别法而设置的法人，受政府监督和保护。成立当初，主要是对亚洲地区的经济以及与经济有关的问题进行系统的综合性研究。多年间，亚洲经济研究所是通商产业省（现为经济产业省）下属的特殊法人，旨在对影响发展中国家和地区的经济、政治、社会问题进行基础研究和综合研究。建成后，研究所对包括亚洲、中东、非洲、拉丁美洲、大洋洲和东欧在内的所有发展中国家和地区进行了大量田野调查和实证研究。研究所还收集了这些国家和地区的资料和信息，将它们提供给国内外的公众，并将调查、研究成果推广传播。通过与日本国内研究人员和研究机构的合作，亚洲经济研究所业已成为日本的发展中国家研究交流基地。自 1990 年以来，该所还一直积极参与培养从事发展中国家和地区社会经济工作的人才。

日本原来的调研组织，一般可分为三个系统。第一，政府各部门，几乎都附设调研机构，它们本来就不同程度地起着智库的作用；第二，一些大企业和民间团体也都设有调研部门，其中有些在 70 年代先后发展成为智库；第三，主要大学也都有研究所，这些研究所大多从事学术性研究，但其中很多人现在都参加智库的调研活动。可见，今天的智库是原有调研机构的延伸和发展。① 即如亚洲经济研究所，研究经费来自通产省，主要研究亚洲、非洲和拉丁美洲等发展中地区的经济社会状况及与经济发展战略有关的问题，以推动日本与这些地区的经济合作及贸易往来，同时也是欠发达地区经济情况的重要信息来源。

（三）从 70 年代到 80 年代

学者们研究归纳了这一时期美国智库发展的两个特点。其一，华盛顿作为美国乃至超级大国政治的中心，成为各种新兴势力积极活动

① 参见徐之先、刘挹林：《日本的脑库（修订本）》，时事出版社 1989 年版，第 6 页。

的大本营。越南战争一度引发外交政策激辩。华盛顿智库的作用增强。其二，保守派智库崛起，其代表即是传统基金会。而最初认识到要与自由派竞争的保守派智库大约要算由威廉·巴鲁迪一世为首的美国企业公共政策研究所。

20 世纪 70 年代，还出现了一种新形式的思想生产模式，即论坛，通过定期的会议把相关人士聚集在一起，根据一定的议题发表看法，产生思想。世界经济论坛（World Economic Forum）就是这方面的代表。

这一时期经过战后的经济复兴和高速增长，日本已经成为世界第二经济大国。雄厚的财力以及日本国际作用的扩大，直接助推了智库在日本的大发展。1974 年，根据日本国会通过的《综合研究开发机构法》设立了被称为日本智库“总管”的综合开发研究机构。1975 年，日本各种智库又联合成立了“智库协议会”，从而进一步推动了智库的发展。70—80 年代，它们为政府设计了“综合安全保障”战略、“环太平洋合作”设想、“技术立国”等国家根本大计，同时为地方开发提出了种种规划和建议，也为民间企业制定了长远经营方针和具体对策。

这一时期，在大西洋两岸，都先后出现了旨在为跨大西洋关系服务的智库。在美国，早前已有大西洋理事会，后在欧洲也出现了类似的组织。旨在加强大西洋关系的动向中，特别值得一提的是德意志马歇尔基金（The German Marshall Fund of the United States）的创立。此项基金是 1972 年由联邦德国政府捐赠在美国建立的，基金会的主要活动是：（1）促进人们研究与理解西欧与美国之间发生的问题；（2）提供一个机会使政策制定者们了解大西洋国家中自己的对手是如何解决国内问题的。

冷战、福利国家的发展以及 70 年代的环境和能源危机，都促发了战后联邦德国新一代智库的诞生。德国的联邦制政体带来了两个影响，一是努力寻求外交政策共识；二是尊重不偏不倚的研究。二者都起因于德国的历史。二战后，联邦德国在重建过程中产生了一种积极的关注，即经由国家支持和鼓励有见识的、论述详尽的辩论，这种支持远远超出英国或法国所认为必要的程度。联邦和地区政府都资助了相互竞争的经济研究所以评估政府政策；国家资金流入各个政党基金会以支持对内和对外政策的研究和教育活动。在一定程度上，20 世纪 60 年代和 70 年代的联邦德国外交政策是通过其政党基金会实施的。它们在制度上是政府以外的机构，可以独立行动。

在法国，70 年代中期，法国外交部就提出倡议，最终于 1979 年成立了法国国际关系研究所（French Institute for International Relations），它的前身是凡尔赛和会后产生的“外国政治研究中心”。该研究所得到政府的资金支持和德意志马歇尔基金会的资助，开始积极地就外交政策进行分析与探讨，以加强发展之中的政府外政策讨论，提高法国政策辩论的质量。

不同的风格和不同的政治文化在法国形成了不同的图景。德国的外交政策辩论遍及慕尼黑、法兰克福、汉堡、柏林和波恩，而法国的辩论则集中在巴黎中心区。英国式辩论的特点是缺乏不同职业道路之间的交叉；而法国式辩论则由少数精英支配，他们大多毕业于巴黎政治学院、理工学院和国立行政学院，然后经由各部内阁和计划部门进入研究界、银行、工业界和政界。政府与研究机构的相互渗透、精英辩论的地理和社会集中度、新闻传媒批评性评论的软弱、自戴高乐总统以来对法国外交政策重大方针的跨政党共识，形成了一种不利于不同意见的氛围，人们不愿意去谈论令人尴尬的问题，这使巴黎的外交政策制定过程有别于除日本外的任何一个发达工业国家。①

（四）冷战终结之后

冷战终结，标志着一个时期的结束和一个新时期的开始，原先被美苏冷战压抑和遮盖了的问题和议题纷纷浮出水面。核战争的阴霾消退了。过去，核威慑战略一度曾是众智库的主导性研究议题之一，而

① 参见 William Wallace. Between two worlds：Think-tanks and foreign policy. in Christopher Hill，Pamela Beshoff（eds.）. *Two Worlds of international Relations*. London and New York：Routledge. 1994. p. 154.

现在其他问题上升了，如民族纷争、民族主义重兴、销毁苏联加盟共和国境内核武器、经济发展广受重视、新的安全议题浮现。世界发生了巨大变化。

国外学者研究表明，这一时期，各国智库普遍呈现繁荣之势。本就拥有众多智库的美国又诞生了一些新智库。随着欧洲一体化的加深和欧盟的发展扩大、欧元诞生、欧元区形成，等等，欧洲也出现了一批着重欧洲地区范围事务的新智库，尤以“欧洲首都”布鲁塞尔最为集中。英国也出现了若干新智库，如外交政策重心（Foreign Policy Centre）、欧洲改革中心（Centre for European Reform）等。

这一时期的亮色是亚洲智库的崛起，尤以新加坡、韩国和中国为突出，日本又出现了有特色的智库。比如日本的东京财团，致力于研究日本有关政府、公共财政和分权化等领域的改革建议；环日本海经济研究所为东北亚经济区域贡献心力，推进东北亚各国经济和区域内的经济交流活动，与有关的政策、私人部门和学术机构建立交流与合作网络；国际公共政策中心则重点考虑和研究世界大趋势，从全球视角看国际问题。与此同时，早先建立的一些日本智库由于筹集资金的困难，出现了衰退和萎缩，最为明显的是和平安保研究所和综合开发研究机构。

如果说日本的智库有起有伏，大致呈现延续性的话，那么其他东亚国家或地区智库的发展就属于“发展型”了，甚至有异军突起之势。韩国的峨山政策研究院（Asan Institute For Policy Studies）、东亚研究院（East Asia Institute）是其中的佼佼者。在东南亚，新加坡国家小但智库很多。老牌的智库有新加坡国际事务学会和东南亚研究所，稍微时限短点的有东亚研究所。此外颇为活跃的还有李光耀公共政策学院。在中国台湾地区，老牌的智库有台湾政治大学国际关系研究中心、台湾“中央研究院”有关研究所，较新的则有所谓“国家政策研究基金会”（国民党）、“国策研究院”（以田弘茂为首，张荣发基金会支持），以及对原“中华欧亚基金会”（其宗旨和方针是“战略视野、政策影响、超越党派”）进行重组后成立的亚太和平研究基金会等。

从各国和地区智库的发展历程看，一国或地区智库的发达程度，可以看到有三个决定性因素。一是国家或地区地位，如两次大战期间的英国就是如此，至今仍保持着智库方面的世界强国的地位。第二次世界大战后美国崛起为超级大国，其经济、政治、文化、军事均独占鳌头，智库数量多，人员和产品均非其他国家和地区可比。崛起中的中国正在出现类似的趋势。二是财力。智库工作的开展，必须有一定的财力为后盾。美国有慈善捐赠的文化，以及非营利机构的免税法律和制度安排，基金会众多，因而对各种智库的发展起到了强大的推动和促进作用。雄厚的财力，也支撑了韩国、新加坡智库新近的崛起，为其提供了财力的保证。三是一家智库还需要有顶梁柱，类似于“学科带头人”那样的人物。有没有这样的人士，情形会很不一样。①

二、国际知名智库的崛起与发展剖析

为了深入探讨智库的起源和活动情况，更为了深入阐述不同智库间千差万别的多样性，这不仅需要从普遍规律上分析全球智库的发展历程，也需要深入分析一些知名度较高的智库的发展过程。同时国外智库研究者的分析也表明，虽然这些智库存在很多共同点，但是每个智库都设法在不同于其他同行的领域占有一席之地。因此，学界颇为注意对国际知名智库进行深入剖析。而在主流文献中，又以对布鲁金斯学会、兰德公司、城市研究所、传统基金会为多，引人关注。

（一）布鲁金斯学会与公共政策研究所的崛起

第一次世界大战结束后，一系列美国国内和外交政策的挑战导致大批公共政策研究机构集中建立。卡内基国际和平基金会（1910 年），外交政策协会（The Council on Foreign Relations 1918 年），胡佛战争、革命与和平研究所（1919 年）和美国外交关系委员会（1921 年）

① 参见任晓：《第五种权力：论智库》，北京大学出版社 2015 年版，第 36—81 页。

等机构的建立都是在第一次世界大战前后。研究表明，当时美国有一种孤立主义的倾向，这些团体希望说服美国的政治精英和普通大众，在国际舞台上发挥更大作用符合美国的利益。美国国内方面，一些公共政策研究组织由于社会科学和科学管理运动的流行孕育而生。这里隐含了一个前提，即科学方法一旦被合理运用，就能解决社会问题并帮助政府提高效率。也正是在这种思想影响下，罗素基金会（1907年），布鲁金斯学会（1916 年），以及国家经济研究局（National Bureau of Economic Research，1920 年）等智库得以建立。值得一提的是，后来的大萧条又加强了这些机构的重要性。罗斯福新政产生了对专家建议的巨大需求，而诸如布鲁金斯学会和国家经济研究局恰好能够提供足够的帮助。布鲁金斯学会成立于 20 世纪 20 年代末，最开始有三个机构，分别为政府研究所、经济研究所和罗伯特·布鲁金斯经济和政治研究生院，1927 年合并组建成布鲁金斯学会。其章程中明确表达将科学原则引入到政府管理之中，并希望能有效促进经济、政治和社会现象之间的理解。这种理解是独立和超脱的，任何政治、社会和经济组织都不能影响。布鲁金斯着力建立一个中心，意在将社会科学家和决策者联结在一起，从而使“科学的方法”可能被应用到政府管理、预算编制和支出中去。这样一种将知识和学术专长带到公共政策中去的布鲁金斯模式，已经影响了公共政策研究机构的性质和设计接近 50 年。布鲁金斯学会因为其在公共政策方面独到和客观的分析而闻名。原本专注于经济分析，布鲁金斯学会现在大大扩大了其研究范围，在其研究议程中包含了系列美国国内和国际问题。由于它的根牢牢插在社会科学和学术界，所以布鲁金斯学会毫无疑问是学术导向型公共政策研究机构的最佳范例。事实上，在许多方面，布鲁金斯模式仍然为智库应如何组织的首选模式。特别是它主张用“无私的社会科学家”进行“价值无涉”的公共政策研究这一点上。

（二）兰德公司的兴起

通过对历史的详尽分析，学者们指出，很多智库的兴起几乎完全是因为二战后美国更加积极地介入到国际事务中去这一原因，使得许多这些机构得以建立从而去帮助美国维持在战争年代所增强的防御能力。正是在这一时期，兰德公司（1948 年）、外交政策研究所（1955 年）、战略与国际研究中心（1962 年）以及赫德森研究所（1962 年）应运而生。这四个机构专注于国家安全的不同维度，他们的使命在于指导如何从一个国家整体上维护自身安全。这一时期唯一的和上述四个机构略有不同的重大公共政策研究机构便是美国企业公共政策研究所，但其起源仍然和它的这些外交政策研究同行一样，是保守主义运动的表现。有学者研究表明，当时自由派正在寻求在军事上的胜利，以跟进其在国内政治的胜利。一旦恢复和平，自由派将只等待有利时机，努力扩大自己的权力范围。那么，战争时期结束，和平时期到来之后，究竟是什么样的经济和政治秩序将会被接受？正是这些不确定性为在国内政策和外交政策领域建立保守的智囊团提供了动力。外交政策研究所、战略与国际研究中心和美国企业研究所在结构上与第一代学术导向型智库相似。然而，它们建立的初衷是因为美国社会更为保守的趋势，以及对于诸如卡内基国际和平和外交关系理事会所创建的自由主义的威胁的直接应对。兰德公司与绝大多数公共政策研究机构所追求的学术模式截然不同。兰德公司模式是基于研发中心（R 和 D）的模式，并通过系统方法来解决问题。该组织最开始只是一个“兰德项目”，这是一个美国空军与道格拉斯公司签订的资助协议。不久，兰德就成为一个独立的实体，直到今天，它所持有的资金中仍然有 2/3 来自国防合同。数十年来，兰德公司客观、全面而多学科的研究方法已经在各个领域被复制使用，其一直使用系统和运筹学的方法来考察军事和社会问题并成为很多智库类似研究的范例。

（三）城市研究所和美国国内智库的兴起

学者研究表明，智库转型的另一个原因在于联邦政府后来卷入到对抗贫困的战争中去了。在此期间，国防合同由于越南战争的原因而锐减，而在美国国内，尤其是城市里面，关注社会政策的智库获得了蓬勃发展。20世纪50年代末这一数字还是20多个，到了1969年，这一数字飙升至200多个，增长了近10倍。这一爆炸性增长的原因是原有的政策研究机构开始重新配置它们的资源和员工，以赶上新成立的智库在国内问题、公众问题、城市和环境问题领域的研究进度。这些旧有的智库往往有深厚的军事研究背景。比如兰德公司，它们发现它们握有的关于国防研究的合同越来越少，而国内政策的研究需求却突飞猛进。为了抓住这个机会，兰德和其他研究组织都制定了详尽的国内政策研究计划。这种转变影响至今，以至于之后成立的主要智库现在都有一部分资源和员工专注于国内或社会政策部分。这一段时间里主要有两个政策研究机构得以建立，一个为威斯康辛大学的贫困研究所（Institute for Research on Poverty，1966年）以及城市研究所（1968年）。两者都成立于20世纪60年代和70年代早期。这些机构以及其他类似的，被称为城市智库，因为他们所有的研究工作都围绕城市/社会问题展开。以城市研究所为例，其涉足于美国国内问题的所有方面，虽然多数时候是和当时约翰逊的社会福利计划相关。约翰逊政府当时面临一系列的城市问题，这成为城市研究所的发展动力。一经建立，该研究所就避免和兰德公司一样主要只与政府的一个机构打交道。相反，它建立了一个独立的非营利智库，这个智库获得了各种民间机构的支持。该研究所初始资金的90%来自政府，主要是住房和城市发展（虽然他们现在占不到一半的机构总预算）。城市研究所的成长为一大堆聚焦于社会和城市问题的机构提供了一个模式。在此期间，同类型的智库恰逢政府职能的扩张如雨后春笋般出现。同时，私人基金会和私人公司也显著提高了对它们的资助。

（四）美国传统基金会和专业智库的崛起

国外学者认为，在过去20多年里，智库的世界里出现了六个相互关联的趋势。第一，从事公共政策研究的人数急剧增长。事实上，自20世纪40年代以来，研究和发展中心以及与国防相关的智库的数量迅速增加。这些政策研究机构的增加，在一定程度上也强化了美元、学者的竞争力。第二，华盛顿特区逐渐成为影响力中心。许多西海岸和纽约的智库被迫搬迁到华盛顿或在那里开分支机构，以保持竞争力。第三，专业智库的出现。较新的公共政策研究机构选择把重点放在小范围的人群上，或采用单一问题作为研究方向。第四，智库的政治化。智库植根于自由派共识的解体，这种解体最早出现在 20 世纪 50 年代末，随后 70 年代和 80 年代得到充分显现。第五，在政府行政部门和立法部门工作的专业人士开始增多，这些部门依靠独立智库的研究，采集数据和进行数据分析。第六，媒体对公共政策过程中的影响越来越大。这些趋势被认为与政治进程的碎片化、政策制定机构的复杂性以及位于华盛顿特区周边智库的激烈竞争密切相关。似乎在国会和行政部门内部有越来越多的专业人士会减少独立公共政策研究的需求，可事实正好相反。在过去的 10 年左右时间，致力于在国家层面影响决策者的公共政策研究机构已创建了 25 个左右。许多多样化抑或专注于单一的问题的智库现在关注于美国国内和国际的每一块领域。这些机构之间的激烈角逐已经被定性为“思想战”。竞争迫使智库变得更加注意提高他们产品的质量和多样性，并考虑工作人员和融资的其他方式。最能体现这个领域已经发生了根本性变化的两个机构是美国传统基金会和国际经济研究所。智库专业化的趋势在文献中已经很少被提及，并在很大程度上，甚至被一些学者看作为智囊团的政治化。其实智库的政治化确实是专业化的另一种形式。公共政策智库的专业化不仅因为有专门的政策问题或方案，还因为它们的思想和政治方向（保守的、自由的、民主的、共和的等）。最能体现这一特点的组织是美国传统基金会。这一基金会成立于 1973 年，虽然每年都要发表几部专著，但是它们的主要目标不是长期研究，而是快速反应政策研究，传统基金会知道，政策制定者很少有时间或心情去翻阅和细读一个几百页的冗长报告，于是他们给国会议员和行政人员提供的内政外交重要问题的研究报告都简洁和及时，在传统基金会，推销思想的重要性等同于甚至要超过构思这些思想，也就是说，传统基金会将政策研究和倡导放在同等重要的地位。

（五）公共政策产业和流行的人口学模型

在公共政策研究行业里，增长速度和本质不是唯一的。事实上，业界一直遵循的增长类似于人口生态学模型，这一模型将人口演变划分为三阶段：变异、选择和保留。在第一阶段中，大量的变体出现了，和原先组织的人口争夺稀缺资源。一个自然选择的过程发生在第二个阶段，即弱组织消亡，而且在市场上发现了一个基于强者生存的组织。在保留阶段，几个存活组织的迅速长大，并逐步制度化。学者分析表明，在过去几十年里，公共政策行业的增长和发展与人口生态学家提出的模型相类似。在四个时期中，业界已看到穿过上述三个阶段后的新组织数量猛增。数量、构成，以及行业中的彼此关系已经发生了戏剧性的变化。虽然根据不同的定义和不同的计数机构，当下智库的数目有所出入，但估计数量的范围在1200～1400之间。在20世纪前30年产生的机构中，只有10家今天仍然健在。自那时以来，该行业已经增长了10倍。西方学者的研究展现出，在这个行业中最戏剧性的变化发生在过去的30年。超过2/3现存的智库产生于过去30年之间。在过去几十年中，新加入此行业的智库试图改变策略（目标，技术和产品线）和结构（组织设计）以能更好响应激烈的竞争和环境的快速变化。行业中已经存在的旧有公司则改变了自己的策略，以满足新的进入者和应对环境变化所带来的挑战。这些因素都影响智库的生长速率和智库的生存速率。20世纪初，管理经济以及外交政策的挑战创造了远远超过美国政府现有能力的政策分析需求。为了满足这一需求，建立了像布鲁金斯学会和国家经济研究局这样的机构。第二次世界大战后，需要大量的国防专家和技术专家来帮助国家管理国防建设和世界各地的安全部署，联邦政府再次转向公共政策研究界寻求帮助。兰德公司以及许多其他研究组织，提供了一个现成的“国防知识分子”，以帮助发展国防硬件和系统。20世纪60年代的政治压力和社会动荡为城市研究所的建立注入了动力。其后，保守运动的兴起，促成了一系列专业智库的快速扩张。这些专业智库如传统基金会、卡托研究所(Cato Institute)，以及国际经济研究所，它们的业务高度分化，或服务于特殊的选区，或专注于一个单一的问题或专业领域。公共政策研究，是一个真正增长的行业，新加入该领域的组织和机构已经动摇了一度被诸如布鲁金斯学会和美国企业研究所垄断的公共政策研究。这一领域最近出现的专业化和竞争激烈的趋势不但对现有的智库形成挑战，有望改变它们运行的方式，也为新兴的机构开发创新技术和抢占市场份额提供难得的机会。显然，机遇和进入壁垒是会并存的。最后，要了解这些因素是如何影响该行业的性质和组成的。人们只要看看像布鲁金斯学会、兰德公司和传统基金会所采用的技术和由它们供给“产品”的差异就行了。布鲁金斯学会采用一种学术/科研方法，其研究的结果是书本一样厚的研究报告，可同时被“销售”给政策制定者和学者。与此不同的做法，兰德公司更倾向于政策分析而不是学术研究，产品是给政府部门的技术分析报告而不是书本一样厚的研究报告。美国传统基金会产生非技术性的政策分析。通过历史回顾，可看到新的智库是如何多样化的，以及如何为了抢占市场份额而开发创新技术和产品的。远离大型多学科导向的智库而转向以政策为导向的专业研究机构加重了这个行业的碎片化。反过来，行业里机构的规模和多元化，又有助于加强竞争。这些竞争力量已经挑战现有的传统的知名智库，迫使他们改变技术和产品线。多年来，智库代表了各种制度化的思想。这种现象发展非常迅速，在各个领域和各个方向，美国国内几乎每一个利益集团都有或曾经拥有至少一个智库为它工作。在短短几十年间，该行业已经经历了增长规模和影响力的巨大变革。事实上，如果媒体是政府的第四部门，智库肯定是第五部门。①

---

① 参见 James G McGann. Academics to Ideologues：A Brief History of the Public Policy Research Industry. *Political Science and Politics*. 1992（4）.

第六章　智库的结构和功能研究

一、智库的作用与功能分析

智库无一不在试图影响政策。世界上的顶级智库，一般都有三个核心要坚守：质量、独立性和影响力。[①] 影响力至少有三种形式：设定议程、引领讨论，以及设计政策。每一个形式都面向不同的听众，并使用不同的方法来传递信息。然而，这种影响往往是很难估量和评价的，有的直接影响，有的间接影响；有短期的影响，也有长期的影响；还有的无影响，甚至可能是消极的影响。那么，智库及其学者究竟是如何试图发挥机构或个人影响力的呢？日本有学者认为智库的作用可从九个方面进行论述：

第一，接受行政当局中内阁级、内阁以下或官僚职位。一些智库如传统基金会追踪政府部门中出缺的岗位，并试图以与该会具有共同政治观点的人加以填补。经常采用的方式还有为正被考虑出任高级职务的同僚写推介信。

第二，在总统选举期间参加特别政策任务小组和过渡班子，或径直担任总统候选人的顾问。在争议重重的 2000 年美国总统选举期间，一些来自胡佛研究所、美企所和战略与国际研究中心（仅举数例）的学者，就中国国内政策和外交政策的一系列问题充任得克萨斯州州长

① 参见〔美〕约翰·桑顿：《思想库的核心价值是什么?》，王莉丽：《旋转门——美国思想库研究》，国家行政学院出版社 2010 年版，第 4—8 页。

小布什的顾问。选举后，其中的很多人，包括美企所的劳伦斯·林赛（Lawrence Linasey）和胡佛研究所高级研究员康多莉扎·赖斯（Condolee zza Rice）都加入了新政府，出任要职。智库学者还经常受邀担任各种总统顾问委员会的咨询职务。

第三，建立与国会参众两院的联络处。这使得智库能够与政策制定者建立密切的联系，其提供对内对外政策问题的分析材料。它也使智库能与国会议员助手讨论各种立法议案。国会政策顾问委员会（Congressional Policy Advisory Board）的建立为智库学者提供了一个机会以更密切地接触国会议员。

第四，有选择地邀请政策制定者参加讨论会、小型研讨会等和引领筹资活动。

第五，为前政府官员提供智库职位。有些智库已成为重要政策制定者的暂时退隐之家。他们的存在有助于提高一家研究机构的声望，也可能有助于它从基金会和私人捐助者那里筹集资金。

第六，邀请官员到智库进行一段时间的工作。例如，国务院管理的外交官驻所项目已使一些大使接受了智库的研究职位。

第七，为政策制定者准备研究报告和政策简报。在一些鼓吹型智库中，这是其研究项目的主要功能。

第八，为关键性政策制定者开发特殊项目。战略与国际研究中心1988年的“过渡”项目为当选总统就如何管理新行政当局提供建议，就是一个例子。

第九，与政策制定者保持直接的通讯联系。①

一个大的问题是，研究机构对政府政策的影响到底有多大，其研究成果又有多少对政府施政来说毫无意义？学者们的研究普遍表明，智库对政策可能具有重要影响，然而这种影响是复杂和微妙的。一般来说，这种影响是在政策过程的初期进入的，作用的方式是经由开发

① 日本综合开发研究机构编，纪延译：《事典：90年代日本的课题》，经济管理出版社1989年版，第228—229页。

各种思想、影响公共辩论和界定各项选择。实际情形可能十分复杂。

毕竟，在思想与行动之间存在着一个重要差别。把思想转变为行动需要一个转换机制，也即一个从输入各种变量到输出决定的政策过程。这是一个非常复杂的政策生产过程，智库所提供的思想、分析和可供选择的方案等作用有可能是直接的，这时，一项具有较强操作性的建议也许直接被采用为政策了。但更多的时候是潜移默化，与其他很多因素相混合。这里重要的是，思想产品的生产者（智库）和消费者（政策制定者）之间的联系机制，这种机制因不同国家政经体制的不同而异。以现有的研究而论，在对外政策与行动方面，在智库系统和外交系统壁垒分明的国家，如英国，不大容易产生交集和相互影响；而在两个系统之间具有机制性人员流动的国家，如美国，智库与对外政策和行动之间就更有可能发生相互影响。

学者的研究也表明，大多数智库认为自己是思想的宣传者，也有一些致力于把思想转变为行动。比如，卡特中心就很注重调解冲突、化解危机的行动。有的智库如加图研究所毫不讳言自己是一个自由至上主义的中心。而相比之下，赫德森研究所除了支持自由市场之外，并无意识形态驱动。赫德森研究所曾不仅建议把社会福利从一种依赖的文化转变为一种工作的文化，而且对于使威斯康星州的福利机构为这种政策修正担负起责任，实际上起了一定作用。人们也许会觉得推销思想和看着它们得到执行应该就像是一只手和手套一样，但这种情况很少见。①

智库对政策比较直接的影响还是有例可循的，譬如有研究资料记录，2007 年年初，美国小布什政府“以进为退”，决定向伊拉克增派 3 万美军。人们普遍认为，在提出增兵的建议方面，美国企业研究所发挥了重要作用。美国企业研究所关于增兵问题报告的作者——军事历史学家、美国企业研究所学者弗雷德里克·卡根（Frederick Kagan）

---

① Herbert London. Hudson Institute in James McGann. *Think Tanks and Policy Advice in the United States*. Routledge. 2007. pp. 104－105.

和退役将领杰克·基恩（Jack Keane）——曾向布什政府简要介绍这项计划，不久政府便在 2007 年年初将之作为政策予以宣布。

另一个事例是美国伊拉克问题研究小组（Iraq Study Group）。该小组是在共和、民主两党一批重要国会议员的推动下，于 2006 年 3 月在国会山一次由参议院军事委员会主席约翰·沃纳（Johm William Warner）主持的会议上启动的。伊拉克问题研究小组由共和党人、前国务卿詹姆斯·贝克（James Addison Baker）和民主党人、前联邦众议员李·汉密尔顿（Lee Hamilton）担任共同主席，汉密尔顿当时也是另一家研究机构伍德罗·威尔逊国际学者中心（Woodrow Wilson International Center for Peace）的总裁。被要求提供协助的智库是美国和平研究所（United States Institute of Peace），原因在于它是一个由国会拨款建立并支撑的联邦机构，其他三家智库则配合提供协助，即战略与国际研究中心、总统问题研究中心和莱斯大学詹姆斯·贝克公共政策研究所。鉴于该议题的紧迫性，伊拉克问题研究小组成立后每月举行一次全体会议，共举行 8 次，并于 2006 年 8 月 30 日至 9 月 4 日前往巴格达实地考察，建立了经济与重建、军事与安全、政治发展、战略环境四个专家小组，以及由 5 名退役将领组成的高级军事顾问小组，可以说集中了各方面的智慧。① 经过认真研究，伊拉克问题研究小组于 2006 年 12 月发表报告，呼吁撤回美国驻伊拉克的所有战斗旅，同叙利亚和伊朗保持外交接触，推动以巴和平进程。小组提出的具体建议达 79 条之多，其中某些建议为白宫所接受。总体而言，伊拉克问题研究小组的建议被小布什政府直接接受并实施的不多，但其影响得以延续，对比奥巴马政府后来实行的对伊拉克政策，两者有很多吻合之处。

在南太平洋地区，澳大利亚战略政策研究所（Australian Strategic Policy Institute）关于所罗门群岛形势的报告对于澳大利亚政府军事干

---

① 参见 James A Baker III，Lee H Hamilton，Co-Chairs. *The Iraq Study Group Report*，*The Way Forward-A New Approach*，*Authorized Edition*. New York：Vintage Books. 2006.

预的决策也产生了直接的作用。

管理大师彼得·德鲁克曾言："一家智库的工作就是改变思想。"这可谓言简意赅。智库工作的方式是多种多样的。根据日本国际交流中心（Japan Center for International Exchange）于20世纪80年代后期进行的一项调查，民间或非政府的研究与交流机构所发挥的最重要作用可列举如下：

第一，国内的启蒙活动；第二，政策建议与分析；第三，提供让国内各界及各领域的人士就对外政策交换意见的场所；第四，提供与海外有关人士交换意见的场所；第五，促进与外国之间的共同研究；[①]第六，对其他国家的政策决定施以影响。

另又指出，对民间机构作用的要求应该是：第一，对各种国际问题进行长期性的分析，对应该采取的对策提出灵活而有创造性的建议；第二，从超越国内各利益集团的中立的立场出发开展富有成效的活动并对敏感的问题组织讨论；第三，积极促进各国共同合作来解决国际社会所面临的各种课题；第四，通过建立在各种民间组织和个人之间信赖关系的基础之上的国际性联系网络，对国际性的政策变动和冲突的发生提出早期警告；第五，在使国内对新的对外政策和姿态等形成一致意见方面开展启蒙活动或研究活动。[②]

也有学者将智库的主要功能概括如下：

——它们提供脱离日常工作环境的地点，以供开发更具创造性的长期政策战略。国际政策机构可能为政府机构做合同工作。然而更经常地，它们可以从事各种"第二轨道"的项目，寻求确立新的政策方向。

——它们作为通衢大道，公民个人经此可以通过开发政策思想或通过政策提倡影响公共政策制定。政策研究所经常是地方社区和全国

① 参见日本综合开发研究机构编，纪延译：《事典：90年代日本的课题》，经济管理出版社1989年版，第627—628页。

② 参见日本综合开发研究机构编，纪延译：《事典：90年代日本的课题》，经济管理出版社1989年版，第644页。

政府与国际机构之间的桥梁。

——几乎所有的政策机构都以这种或那种方式从事公众教育。它们所努力采取的形式经常不同于政府提供的外交政策声明，其中，许多政策机构鼓励相互竞争的视角间的辩论，而非就政府已经决定的政策发布信息。①

英国学者威廉·华莱士（William Wallace）则概括了智库的七项中心工作，一家智库在不同程度上发挥着其中全部或部分的功能：

第一，政策问题的智力分析。运用吸收自历史学、社会科学、法律或甚至数学的研究途径将其应用于对政府关心的问题的探讨。

第二，关注政策背后的思想和概念，考察或质疑那些塑造着日常政策制定的"流行看法"。

第三，收集和分类具有政策重要性的信息，其范围包括从细致入微的研究到提供他人可以使用的新闻报告和文件。

第四，采用比政策制定者更为长期的视角，关注趋势而非即时的事件。

第五，一定程度上与政府保持距离，也与即时的党派政治辩论保持距离。

第六，一定程度上介入政府事务——要么间接地通过出版物和通过其对政策辩论的影响寻求影响政府，要么直接地与大臣或官员进行讨论。

第七，致力于向公众传播信息和主张：通过出版物，通过各种会议和讨论，它们比完全是政府或完全是学术界要涉及更广大和更多方面的人群。②

---

① 参见 Charles E Morrison. Introduction：The Rise of International Policy Institutions. in *International Policy Institutions Around the Pacific Rim*：*A Directory of Resources in East Asia*，*Australasia*，*and the Americas*. Bahamonde，Boulder and London：Lynne Rienner Publisher. 1998.

② 参见 William Wallace. Between two worlds：Think-tanks and foreign policy. in Christopher Hill，Pamela Beshoff.（eds.）*Two Worlds of international Relations*. London and New York：Routledge. 1994. pp. 139－163.

这是一位英国学者的分析，更多的是基于英国智库的经验，而美国智库的一些功能、做法没有纳入其中，如储备人才，是美国智库很突出而英国智库不具备的功能。根据美国学者迈甘的概括，各种各样的智库发挥着许多不同的功能，包括如下六条：

——就政策难题开展研究和分析；

——就当前的政策关切提供建议；

——对政府的政策做出评估；

——经由媒体解释各种政策，从而使公众对政策倡议的理解和支持；

——帮助建立“问题网络”（issue networks），这些问题网络涉及各种不同的政策行为者，它们围绕某一个特定政策问题或难题而走到一起；

——为政府提供重要人才。①

显然，并非所有的智库都履行这些“经典”的功能。它们履行这些功能的能力有赖于它们所处的国家背景、体制和文化。接近政府或与政府保持距离，因不同机构而异，也因国而异，可以相差很大。美国智库的特征通常是其人员与政府之间的相互流动，这是因为存在经由政治任命进入政府、不几年又离开政府的“旋转门”机制。美国主要大学相关社会科学院系的一些教授也是这个“旋转门”机制的组成部分，不存在使英国教授苦恼的与政府接触会受到“污染”的担忧。但是很少有别的国家存在政府与知识世界之间类似美国这种开放和常规的流动机制。在很多政治体系中，独立是一种很难保持的品质，但又是很关键的一种品质。掌权者并不总能区分出建设性的批评与反对，使得那些想从外部影响政策的人在挑战流行看法时微妙地自我妥协，以免走得太远。与政府关系接近并不等于不独立，最重要的一点是独

① 参见 James G McGann. Think Tanks and the Transnationalizalion of Foreign Policy. *in The Role of Think Tanks in U. S. Foreign Policy—U. S. Foreign Policy Genda*. an Electronic Journal of the U. S. Department of State. 2002.

立思考，独立提出见解，而不应是政府的传声筒。①

总的来说，智库在当代世界尤其是西方发达国家中，是社会体系中一个不可或缺的角色，对社会的健康运行起着不可替代的作用，对社会各个阶层都有深远的影响。国外学者的主流研究显示，智库其承担的职能主要可归纳为以下几个方面：

（一）政府的“第五部门”

智库发声是学者们最为关注的职能。在发达国家，智库发挥着产生新思想、影响政治决策、引导舆论、教育公众、储存和输送人才等功能，影响甚大，被称为所在国立法、行政、司法、媒体之外的“第四种权力”。但是，智库只是起到一个说话的作用，告知利益取舍，只提供一种参考性的专业意见。它不能代替政府作决策，更不可能越界干预政府决策，政府部门完全不用担心智库的发展。

当然，智库的发声与公众的发声是不一样的，它更理性更专业也更科学。政府理应更认真地对待。是不是作出这样的决定，政府完全可以在权衡执政党的利益、其他政治利益或相关综合利益之后，再做决策。智库的地位决定了它的发声需要政府的呼应才能发挥效力，因此，只有在一个相对民主、开放、利益机制非常清晰的公共政策体系中，智库才能真正发挥作用。

1.“影子政府”

智库在影响政府决策的方面发挥着举足轻重的作用，这一作用在美国表现得尤为明显。近几十年来，智库在美国政治生活中成为一个特殊的、不可忽视的存在，被称为“政府的外脑”“影子内阁”“影子政府”和“美国的大脑”。从 20 世纪 50 年代至 70 年代初，凯恩斯主义盛行时的社会保障建设、民权改革，到 20 世纪 80 年代至今，经历的经济与社会政策的数次大调整，甚至是在美国调整与中国、苏联（俄罗斯）、日本、欧洲国家（欧盟）关系的过程中，智库均在其中发

① 参见任晓：《第五种权力：论智库》，北京大学出版社 2015 年版，第 129—136 页。

挥着重要作用。

智库就如美国的大脑，影响着美国在政治、经济、军事、外交等各个方面的决策，成为美国政治权力结构中不可或缺的部分。早餐会、晚宴、研究会、国会听证会、新闻媒介、公众演讲等，是智库宣传思想、观点时经常会采用的形式。当然智库也会通过著作、研究报告等对自己的思想、观点等进行系统的阐述以达到影响政府决策的目的。某些智库还会利用更便捷的方式——与决策者的私人关系，来直接影响决策。

在美国，智库影响政府决策的例子不胜枚举，仅以对华政策而论，美国智库的政策影响力即可见一斑。布鲁金斯学会提出的以“日本模式”处理台湾问题、实现与中国建交的政策构想，对推动美中建交发挥了作用。美中关系全国委员会 National Committee on United States-China Relatiuns、大西洋理事会、布鲁金斯学会、约翰·霍普金斯大学高级国际问题研究学院 The Paul H. Nitze school of Advanced International Studies，Johns Hopkins University、战略与国际问题研究中心等智库提出的以“接触”保持与中国正常关系的政策建议，至今体现在美对华政策中。传统基金会、兰德公司、胡佛研究所等提出的“遏制＋接触”政策，对布什政府的对华政策影响较大。布鲁金斯学会认为，中国崛起已成为事实，世界事务不能没有中国的参与，佐利克对华政策讲话中“负责任的利益相关者”的思想，即是吸收了这一对华政策新理念。此外，布鲁金斯学会还为奥巴马政府输送了 20 多名高级官员，目前奥巴马政府操作的国际货币体系改革方案，也是由布鲁金斯学会直接送交的。

“智库”被认为是美国政治结构中的重要一极。智库与媒体、国会、总统、最高法院，五者相互独立、各司其职。在具体的操作过程中，智库与政府进行项目合作，是一种合同关系。不管智库的研究经费是否来自政府，政府都不会干涉智库的研究内容和结论。这使智库可以超然于权力之外，从专业、科学的角度思考问题，寻求解决问题的方法、途径，不负其政府“外脑”的称呼。

由此可见，智库在美国政府政策决策的过程中扮演了重要的角色。智库利用其研究专业、信息丰富、立场客观的优势，影响、协调社会大众、政府部门等的互动，从而在重大公共决策、政策制定、评估等过程中发挥重大作用。一般来说，美国公共决策的过程是这样的：智库——媒体——国会——政府（行政当局）——政策出台。智库在决策开始之时就参与其中，发挥其独立性、专业性的特性，影响、引导社会舆论，促进决策的科学化和可行性。

2. 国际关系的“第二轨道”

随着经济全球化和信息革命的不断推进，涉及人类生存与发展全球化问题也随之涌现。而且这些问题，单靠一个国家的单打独斗是难以解决的，这就需要世界各国同心努力，展开跨国跨领域的合作。为适应时代潮流的变化，实现资源的共享，促进各方通力合作解决全球化问题，智库也开始向着国际化的方面迈进，发挥自己非官方背景的优势，开展“第二轨道”外交，积极参与国际合作，影响全球性议题设定和国际关系。

“第二轨道”外交是指“有明确政治取向的各种非官方行为体所从事的能够影响官方决策的跨国活动”。① 智库不同于一般的民间组织，其独立性和专业性使其具备了影响官方决策的资本。智库也往往是通过合作研究共同关心的问题，在幕后推动双边或多边合作。在双边活动方面，中美两国智库经常就中美关系问题进行交流和研讨就是一例；英美智库联手推动的以建立健全亚洲安全为主题的新加坡“香格里拉对话”，以及获得东亚国家领导人会议认可的“东亚智库网络”则是智库促进多边沟通、形成“认知共同体”加强合作的例证。智库都非常重视通过开展国际交流提高国际影响力。国外著名智库为了确立和加强自己在国际问题上的发言权和影响力，一般都会走国际化路线，坚持开放的心态和政策，实现经营、研究、交流理念的国际化。如美国

① 腾培圣、李爱华：《国际政治关系中的“第二轨道”析论》，《山东师范大学学报（人文社会科学版）》2005 年第 2 期。

的斯坦福国际咨询研究所与来自 65 个国家的 800 多家企业有业务往来，每年接受的个别委托研究与咨询中有 2000 余件是关于国际方面的。巴黎社会经济发展研究中心的业务有 2/3 是对外的。此外，智库还经常邀请各国学者参加国际性的讨论会、讲演会、研讨会，借此交流研究信息、思想和观点。相对于这些短期的交流，选派人员到国外留学进修、访问学习，或者直接聘请国外的研究人员参与研究工作则是智库之间更长久、更深入的交流，相互影响的程度也更深。中国与全球化智库（CCG）也和国际上知名智库进行双边交流，与华盛顿著名智库移民研究所 Migration Policy Institute 合作“中美移民研讨会”，邀请移民研究所的所长第一次来到中国进行交流；与加拿大亚太基金会 The Asia Pacific Foundation of Canada 联合进行中加双边人才机制的联合研究。促进中加两国的高层次人才流动、尝试解决双边人才流动壁垒等。2011 年 10 月，CCG 还在美国华盛顿国会大厦里举办了中美投资论坛，以二轨的方式和美国国会议员交流，针对美国国会当时正在辩论的有关中国人民币汇率问题提出自己的民间解决方案，鼓励美国允许更多中国企业到美投资。

智库注重研究国际性、全球性的问题，以提高对国际问题的影响力。进入 21 世纪之后，全球化程度日益加深，国内问题与国际问题相互交融。因此，研究涉及的范围也日益宽广和细化，涉及的问题也越来越复杂。智库的研究领域和课题选择也越来越宽泛和精微，能源、环保、消除贫困、可持续发展、中国和印度等新兴大国问题、中东危机等问题开始进入智库的研究范围。智库利用专业优势，对这些问题进行研究、分析，在立足事实的基础上向政府提出意见建议，力求影响政府，改善或解决这些问题。这些都极大地提高了智库的国际声誉和在国际问题上的影响力。

智库通过组建全球或地区性智库网络，扩大自身的全球化影响。组建全球或地区性智库网络是全球化的发展趋势对智库发展提出的要求。全球性智库网络的正式形成是在 1999 年。这一年全球发展网（GDN）首届会议在德国波恩召开，主题就是“联结知识与政策”。这被看作是全球智库国际合作机制正式形成的标志。相继成立的全球性智库网络还有跨大西洋政策网络（TPN）和全球政策网络（GDN）等。相对于全球性智库网络，区域性智库网络虽然范围比较小，但胜在数量更多，而且在区域性问题的解决方面更有优势。目前，比较有影响力的区域性智库网络有：研究东亚问题的东亚合作暨东亚智库网络、东南亚国际问题及战略研究网络，针对非洲问题的非洲的重建基金网络，着力拉丁美洲问题的拉丁美洲的创业基金网络，侧重欧洲方面的欧洲的政策过渡网络、泛欧洲政策网络等。

（二）大众的“思想者”

智库不仅是政府的“第五部门”，同时也为社会大众提供思想和观点，对大众舆论起到引导作用。在传播思想、引导大众舆论方面，智库与媒体相互合作、各取所需。以美国为例，有研究者将媒体和智库看作是三权分立之外的第四或第五种权力，而且两者关系密切。一方面，美国智库要想传播自己的思想、观点，提高自己的声誉和影响力，为智库运作筹措经费，就需要借助媒体的力量，扩大宣传的范围，增强宣传的力度；另一方面，美国媒体在做新闻报道和评论时，也需要引用智库的观点或通过采访智库专家对事件进行分析和解读来吸引观众或读者，借以提高自身的关注度。2010年一年之内，美国媒介对美国外交关系委员会的采访就达1000多次。

1. 引导公众

智库的思想生产，是通过对客观事实的研究和分析形成新的思想、观点，并通过一些宣传途径或手段，宣传这些思想、观点，以影响公众和决策者。一般来说，智库采用的传播方式主要有以下三种：一是编辑发行出版物，扩大自身影响，同时影响他人；二是通过研讨与培训活动，互通信息、交流思想；三是通过与媒体建立联系，或者以自媒体的形式，影响公众舆论。

譬如，美国外交关系委员会的旗舰杂志《外交》就对世界舆论有着巨大的影响力，该杂志刊登的文章经常会涉及全球性的话题。而且

“冷战”后，对世界政治舆论影响最大的两部著作《文明的冲突》与《历史的终结》都与外交关系委员会紧密相关。“9·11”之后，外交关系委员会给美国政府提交的一则报告表明，它对世界舆论非常关心，并就此向美国政府提出了如何改变世界舆论的建议。2002 年由 35 名“对外委员会”成员起草的一份研究报告建议，美国政府应全面检视其国际交流和国际广播项目，以更好地促进“跨文化理解”，推销美国的对外政策。它还建议白宫应成立一个形同公共广播公司（CPB）的“公共外交机构”，向海外传播美国的信息。

在传统的杂志和著作之外，智库还经常在媒体上发表解读国内、国际问题和政策的文章或评论，客观上起到了影响舆论、引导舆论的方向的作用。美国智库普遍鼓励自己的研究员在媒体上发表言论、开设专栏，制造舆论影响力。《纽约时报》《华盛顿邮报》《华尔街日报》和各大报刊上常有知名的智库成员开设的专栏解读政策。布鲁金斯学会、传统基金会、卡内基国际和平基金会等智库的网站上每天都会及时更新研究员在各大媒体上的言论和众多媒体报道，布鲁金斯学会等就将研究员的媒体曝光率作为重要的评价参考指标。

在传统的传播形式之外，智库也开始利用日益发达的通讯网络传播自己的思想，吸引年轻一代。脸谱网、YouTube 视频、推特、博客、Google 搜索等成为智库宣传自身思想、观点的新型渠道。如战略与国际研究中心在免费的电子邮件订阅服务之外，还利用苹果手机（App 软件）发布研究成果，方便用户及时了解该研究中心的研究信息和研究成果。

2. 服务公众

一个合格的智库应当具有强烈的社会责任意识，担负起社会进步与发展的公共责任。承担社会责任是智库服务公众的一个重要方向，首先，智库可以连接公众与政府，为两者的互动提供平台。智库通过举办研讨会、论坛等形式，为社会公众、智库专家、政府官员之间建立一个直接沟通的平台，既可加深公众对公共政策的理解，又为公众发表自己的意见提供了一种渠道。其次，智库可以宣传自己的思想、观点，影响政府做出对社会、对民众有益的决策。

（三）人才的蓄水池与引力场

作为高智力研究机构，智库的人才集聚效应不言而喻。而这种作用也为学者们所重视。显然，这种人才集聚效应不是人才的简单相加，而是通过合理的分工架构实现整体效应高于各部分效应的共生互补的生态化过程。随着智库的日益成熟，其人才集聚效应必将日益强大，形成的人才群体的整体竞争力也势必得到不断强化。

“智库研究人员大致可分为三类。第一类以实践工作者为队伍的主体。美国的一些咨询型智库大量聘请长期从事国务与行政活动且具有实践经验的政治家、政府与国会官员，如在职或卸任的议员、部长、将军、大使、知名企业董事长、首席执行官等。第二类是以专业学者为主体的研究机构。职业化的学者成为掌握信息最为完备、最具发言权和影响力的权威。第三类则由混合型的研究队伍构成，即同时拥有实际工作经验的人员与职业学者。”①

智库在人才集聚和优化方面，主要发挥两个方面的作用。一是人才的凝聚效应。智库提供的研究平台吸引着高层次和拔尖人才向它靠拢，并形成一定的凝聚力和向心力，再进一步迅速吸引大批各类人才的积聚，从而改善现有人才结构，提高人才群体产出效能。二是人才生产和知识生产的相互循环。智库在整合人才资源、优化结构的前提下，通过成员与群体的相互协作，内化处理大量输入的能量流和信息流，实现人才生产和知识生产的良性循环，从而进一步改善智库的功能和人才的结构。

在西方国家，智库与政府之间还存在一种特殊的人才交换通道——“旋转门”。思想者与行动者、学者与官员通过“旋转门”，实现身份的转换，这在一定程度上沟通了学界与政界、思想与权力，实

① 房宁：《一个没有学生的“大学”——智库类型和组织形态》，《中国社会科学报》第310期，2012年5月30日。

现了两者的相互渗透，增强了智库对国家政策的影响。一些智库也往往将“出人才”与“出成果”放在同等重要的位置，以培养了多少政治家作为衡量其智库影响力的重要方面。“旋转门”在美国表现得最为明显，因为，每四年一次的总统大选，实现的不只是政治首脑的更替，还牵涉诸多政府官员的卸任和空缺职位的人员补充，这就为“旋转门”机制的产生提供了基础。

几十年来，美国的“旋转门”机制造就了诸多的名人。由智库研究人员成功转型为政府官员的有基辛格、布热津斯基（Brzezinski）、斯特普·塔尔博（Strobe Talbott）和劳伦斯·林赛 Lawrewe Lindsey 等。基辛格在哈佛大学国际关系研究班和外交关系委员会效力多年后出任尼克松的国家安全事务助理，布热津斯基从国际战略研究所进入卡特政府内阁，而布鲁金斯学会的斯特普·塔尔博和劳伦斯·林赛则分别出任了克林顿政府的常务副国务卿、总统特别助理，小布什政府的总统经济顾问。在奥巴马政府的国家安全团队中，就有多名智库研究专家：其中美国大西洋理事会主席琼斯（James Jones）就任白宫国家安全顾问一职、国家亚洲研究局国安部门主任布莱尔（Dennis Blair）出任国家情报总监（DNI），布鲁金斯学会研究员莱斯（Susan Rice）则接任为美国驻联合国大使等。而在亚洲事务方面，从白宫的东亚顾问李侃如到现在的李成都是出自智库的研究人员。①

（四）到国会（或议会）作证

到国会的各种委员会作证，提供证词，被认为是智库发挥作用的一种重要方式，尤以美国为盛。所以美国学者对此方面论述要相对多一些。研究表明，美国国会有众多的委员会和小组委员会，经常就其认为重要的问题举行听证会。另一种方式是要求行政当局有关部门提出报告，如要求五角大楼每年一度向国会提交《中国军力报告》等。

---

① 参见王辉耀、苗绿：《大国智库智刃无锋：何以大国争锋》，人民出版社 2014 年版，第 24—34 页。

出席听证会并提供证词很重要，尤其在美国，它可以借以影响国会议员在特定问题上的看法，进而影响行政当局的政策。美国企业研究所就曾骄傲地宣称，在2012年间，它的学者有约100人次到国会作证，比任何其他智库或研究机构都要多。

2000年，美国国会建立了一个代表两党的委员会，称为"美中经济和安全评估委员会"，它的任务是负责调查和分析美中关系中涉及的经济和国家安全问题，并向国会提供有关建议。国会交给委员会的主要任务就是每年评估"美国和中华人民共和国的双边贸易和经济关系给国家安全带来的影响"。在这一背景下，美国国会特别指示委员会调查如下领域：中国的核扩散举动、中国的经济改革和美国向中国的经济转移、中国的能源需求、中国公司进入美国资本市场的机会、美国在中国的投资、中国在亚洲的经济和安全影响、美中双边计划和协议、中国执行加入世贸组织的承诺的情况，以及中国政府对媒体的控制。以该委员会2004年年度报告为例。在报告撰写过程中，委员会举行了各种听证，进行调查研究。然而，由于委员会建立的初衷就是考察中国的发展是否损害美国的利益甚至构成威胁，因而具有明显的倾向性，于是它是先入为主地开展工作的，这种倾向性不可能不影响到它的评估。

彼德森国际经济研究所（Peterson Institute for International Economics）也常有研究人员到国会作证，提供证词。2010年人民币汇率问题突出时，这种作用就很明显。英国诺丁汉大学中国政策研究所与英国议会之间，也有这种工作关系，是另一例。

（五）知识生产

许多研究表明，这方面最有代表性的就是兰德公司——战后几十年，作为政策分析重要工具的系统分析、各种模拟手段以及博弈论，都与这家公司有关。还比如女人类学家鲁思·本尼迪克特 Ruth Benedict 的《菊与刀》这本书。当时，为了研究如何打败敌国日本并在战后做出妥善安排，美国政府邀请她从民族特性、文化特征角度加以剖析，该书由此而来。2001 年，美国发生“9·11”恐怖袭击事件，震惊了全世界，美国人突然意识到，阿富汗这个如此偏僻遥远的地方竟然能对本国的安全产生这么大的威胁，造成这么严重的创伤。了解阿富汗一时成了当务之急，但很难找到对此有研究的人士，最后听说在内布拉斯加的一所没有名气的大学有一个阿富汗研究中心，于是以前默默无闻的机构发挥了作用。20 世纪 90 年代初，西方国家对中国进行所谓的制裁，中国改革开放的进程遭受挫折。在那时，外界并不怎么看好中国的发展，很少有人会谈论中国的崛起，但是有一位智库的分析家预见到了中国崛起的必然趋势。1993 年，他出版了《中国崛起》（*The Rise of China*）一书，先声夺人，这位分析家的名字叫欧威廉（William Over Holt）。①

智库的专家在讨论自己角色时也常常借用大学学者的形象，政策专家应当基于严格的实证数据积累知识，并以出版书籍和文章为目的。人们习惯了智库专家应当具备聪明的头脑、敏锐的分析能力、先进的学术训练以及超脱于党派偏见和政治与经济羁绊的自由。正如有一次布鲁金斯学会主席接受《华盛顿邮报》采访时所说的，“我们付出实实在在的努力以使我们的政策（分析）具有客观性，在我们发现重大问题并寻求其答案时，我们就把其他无关紧要的事情搁在一边，即搁置任何意识形态或党派偏好，不让它们以任何形式扭曲我们的工作成果。”

这一学术性惯用语常常从当事人延伸到组织，很多智库将其专家团队称为“学者”“研究员”，而不顾他们的实际背景或文凭。许多机构也按照大学的教授智库来授予其职员职位。比如，美国传统基金会的“郑周永政策研究”席位，布鲁金斯学会的“布鲁斯和弗吉尼亚·麦克鲁尼经济研究”席位，美国企业研究所的“约瑟夫·J. 和维奥莱特·雅各布社会福利研究”席位。其他智库则明确将自己比作为大学，

① 参见任晓：《“第五种权力”——决策背后的那些世界级智库》，《文汇报》2016 年 1 月 15 日。

或将其知识作品称为“学术工作”。①

二、智库功能发挥的机制探析

作为思想工厂，智库必须产生通权达变、顺应发展潮流的新思想、新观点，并通过这些思想、观点为政府制定公共政策，解决内政外交问题提供可供参考的，有创造性、可行性的建议和意见。这就要求，智库不仅要从当前的问题着眼，更要注重未来的发展趋势；不仅要研究现有政策的问题与漏洞，更要能提出解决问题和漏洞的新政策和新方案。要做到这些，智库必须具备一整套自我更新、自我调适、自我进化的完善机制，以永葆生机与活力。而国外学者通过研究发现，这套机制至少包括了思想创新机制、舆论引导机制和研究输出机制三方面：

（一）思想创新机制

思想创新机制带来学术影响力。智库作为聚集了诸多行业翘楚、领域精英的研究机构，其生产的产品的性质决定了创新是其不断追求的目标。因为创新能力的高低事关研究成果的质量和智库的影响力。智库的影响力是通过其研究成果的影响力建立起来的，也就是说智库要保持自己的影响力就要不断地创新，保持其思想、观点的与时俱进。纵观世界知名智库便知新思想、新观点乃至新的价值观的推陈出新是成为一流智库的第一要素。布鲁金斯学会、兰德公司、斯坦福研究所、罗马俱乐部（Club of Rome）、野村综合研究所（Nomura Research Institute）等国际一流智库的发展历程无不说明了这一点。更难能可贵的是，这些智库还善于将自己的新思想、新观点应用于经济、社会发展中，从战略的角度考虑经济、社会发展中存在的问题，并在深入分

① 参见 Thomas Medvetz. Public Policy is Like Having a Vaudeville Act：Languages of Duty and Difference among Think Tank-Affiliated Policy Experts. *Qualitative Sociology*. 2010（4）. pp. 549—562.

析的基础上，得出经得起检验的结论。单从实际效果来看，虽然智库新思想、新观点对制度设计、政策制定的影响更直接、快速，但远没有这些思想与观点所形成的学术影响力来得长远和深入人心。例如罗马俱乐部，该俱乐部将自己的宗旨定位为通过对全球性问题的系统研究，包括人口、粮食、工业化、污染、资源、贫困、教育等，提高公众的全球意识……使人类摆脱所面临的困境。罗马俱乐部自成立以来一直按照这一宗旨行动，随着该俱乐部的研究成果的传播，其学术影响力不断增加，不仅在学术上影响了对未来学问题的研究，而且在世界范围内唤醒了民众的未来意识，增强了民众对世界危机的认识。而要形成和增强学术影响力，智库则需要提高研究成果的质量。在这方面，知名的兰德公司就是很好的例子。兰德公司也被称为“兰德学派”，这一名称主要来源于其高质量的研究成果、独到的思想见解和观点，以及不断自我更新的能力。成立之后，兰德公司用其实力不断地证明着自己。兰德公司已经为美国政府、军队及企业提供了众多的咨询服务，并凭借其研究成果的专业性、准确性、科学性和权威性而誉满全球。

智库以影响国家决策为目的，因此，对智库最终效果的评价往往是通过其思想、观点对政策决策的影响程度来衡量的。在这个资讯发达，“酒香也怕巷子深”的年代，思想、观点的及时传播就显得尤为重要。因此智库都极其重视对其思想、观点的宣传，开拓多种渠道，投入大量时间和金钱推广、宣传其思想、观点。据媒体报道，仅 2007 年，传统基金会和布鲁金斯学会用于推广、宣传其研究成果的费用分别高达 600 万美元和 400 万美元。智库作为独立的、非营利性政策研究机构，其生存和成功在很大程度上取决于其对自己思想、观点的推广和宣传能力。

（二）舆论引导机制

舆论引导机制形成社会影响力。学术影响力讲求研究成果的深度，而社会影响力讲求的是推广研究成果的广度，智库一般是通过将其研究成果广而告之的形式来培育预期社会影响力的。智库的研究成果被学术圈认可和接受之后，智库和学术界还会利用多种渠道将研究成果推广出去，在社会普通民众和政府官员之间产生影响力，借以对社会大众产生潜移默化的影响，对政策决策起到推动作用。

随着知识经济的发展，全球化趋势的加强，信息咨询网络的普及，智库之间的竞争也渐趋激烈。因此各个智库都在想方设法在思想市场上竞争，想方设法推广、宣传自己的研究成果，增强自己的社会影响力，影响社会舆论，最终影响公共决策。一般来说，智库采取的主要推广、宣传方式有人际传播、组织传播和大众传播三种，其中人际传播有助于智库的研究成果直接影响决策者，组织传播和大众传播担负着议题设置和塑造公共舆论的作用，从而间接影响决策者。

所谓人际传播，是指智库依靠个人关系网推广宣传其研究成果，其中美国的“旋转门”机制是人际传播最直观的一种表现形式。“旋转门”机制连接了智库与政府，在一定程度上实现了资源的共享，这一机制的重要功能一是构建人际关系网络，如直接在政府中任职，用电话、邮件与政府官员取得联系、与国会议员保持密切关系，直接参与政府决策听证、高层次决策者的咨询等；二是连接知识与权力，“旋转门”机制为研究者和官员提供了角色互换的机会，使他们有机会获得研究与现实的双重经验；三是推进“第二轨道”，官员与研究者身份的互换，可以为他们提供看问题的另一种角度，有助于他们在官方外交与民间外交之间找到另一种外交方式。布鲁金斯学会有 200 多名研究者中，大约一半的人曾在政府工作过，其中还有多人直接出任过驻外大使。

组织传播的主要形式为会议或讨论会，智库一般借由讨论热点外交政策问题、宣布研究成果等召开会议或讨论会，邀请相关专家到会就相关问题发表见解。这一类型的讨论除了智库邀请的专家、学者、媒体之外，公众也可以参加，具体参加的人数因场地等因素而不同。当然，没有参加的人员也可以通过该智库的网站查找这些会议、讨论会的文字、图片或视频资料。此外，智库还会举办一些只针对特定人士的小型会议，因为会议的议题比较敏感，此类会议一般不接受公众参与，也不会在网上公布相关资料。举办短期培训项目也是组织传播的形式之一，短期培训项目可以帮助培训者对面对的问题与形势形成透彻的了解。布鲁金斯学会就会定期组织短期培训项目，而且还设立了专门的部门负责相关工作。

智库通过组织传播搭建的论坛研讨会等平台为研究者、社会大众、政府提供了交流思想、意见、建议的渠道。加强了他们之间的相互了解，有助于达成共识，推动问题的解决。美国的智库在这方面做得非常好，比如布鲁金斯学会和美国企业研究所分别在 2007 年和 2005 年举办了 200 多次会议。2010 年也是如此，几乎全年的 200 多个工作日每天都有研讨会或活动，研讨会向社会开放。此外美国国家战略与国际研究中心每年都会举办 700 次以上的会议。

与以上两种传播方式相比，大众传播方式被重视的时间比较晚。它开始成为智库推广、宣传研究成果的一种重要方式始于 20 世纪 60 年代信息传播技术大发展的时候。但它的发展非常迅速，到现在基本上每家智库都有了自己的门户网站，有了专门负责大众传播的部门。大众传播可以扩大智库的影响面，营造公众舆论，对政府形成一定的影响，有助于实现智库影响国家决策的目的。网络新媒体兴起之后，因为具有操作便捷、传播快、范围广等特点，迅速成为智库宣传、推广的重要手段。因为网络新媒体的范围不局限于一国之内，就使得智库可以在全球范围内推广、宣传自己的研究成果，在全球范围内建立自己的影响力。

（三）研究输出机制

智库以高质量的研究引导并影响政策。智库的这种引导与影响作用主要是通过公开出版和发表有影响力的著作、论文、研究报告等研究成果来实现的，因为相关研究成果在向社会发布的同时，也会引起政府相关部门的关注。

如布鲁金斯学会在国际开发、健康政策、安全及国际问题、国内经济、国际经济、社会政策、创新政策等领域的研究成果，历来都受到美国政府和国会的重视；外交关系委员会在对外关系方面的研究成果，则深刻影响着美国的外交政策；中国社会科学院的皮书系列，反映了中国经济社会各个领域的发展状况，为公众及政府了解相关领域的信息提供了不错的参考；中国城市规划设计研究院主持的《每周信息》，快速反映全国城市规划建设情况，成为城市规划行业政府官员、专家学者从事管理及研究工作的好帮手；北京大学中国经济研究中心出版的《经济学季刊》，一直积极关注中国经济问题，为中国经济学家的研究提供高水平的发表平台，也为中国经济学界的交流提供聚焦点，不仅在学术界备受好评，也引起决策者和舆论界的高度关注。①

三、智库功能的反思

从上述学者对智库功能的论述当中，我们可以较为容易地捕捉到这样一层意思，即智库是知识和权力、科研与政府之间的中介者或对话中间人。如果对智库的研究稍作整理就能发现，把智库描述成政策界和研究界之间“桥梁”“纽带”或“联结”的表述遍布于相关网站以及有关智库的宗旨声明和出版物中。

学者斯通认为，智库被描绘成知识和权力之间的一座桥梁。这个形象基于科学和政治两种概念。科学和政治是两种本质上不同的人类活动领域。把智库描绘成一个“桥梁”就是坚持这些区别，并将智库理解为中立的、介于科学世界与政治、政策世界之间的独立世界。当然，这种区别不仅存在于组织上和法律上，还存在于这些机构它们如何构想“公共利益”之中。两个域之间的边界保持不变，但是被智库这样的桥梁连接起来的，智库在维护和调节边界中发挥了重要作用。

同时，学界更简单无奇的表述是将智库说成政策“机构”或政策

① 参见王辉耀、苗绿：《大国智库智刃无锋：何以大国争锋》，人民出版社2014年版，第17—39页。

“中心”，这一英美式的定义也被多数相关研究文献采用。它反映了智库出现之初的社会政治环境，即发达的自由民主国家为独立的政策研究提供了思想空间。鉴于智库已在世界各地涌现，这些传统定义被现实拉扯得远离了它最初的含义。不过，面对智库形态所发生的错综复杂的变化，这些定义的一些影响还在。

目前，学界对于智库角色和功能的传统看法总结起来大概有三点：其一，智库是桥梁；其二，智库是为公众服务的；其三，智库思考问题。

首先，传统研究会认为智库在组织上明显有别于大学、咨询公司和非政府组织。但是随着拉丁美洲的民主化、亚洲在工业上的突飞猛进、苏联和中东欧地区的转型，以及非洲精英群体向职业化发展，智库在全世界范围内出现了很多混合形式。其次，传统研究会认为，智库服务公众利益，促进公共辩论，教育公民以及从事推进政策合理发展的研究，以政策分析助力高效治理，充当公众参与的管道和巩固民主的力量。最后，智库通过媒体展示自身科研机构的形象，这种形象是由专家、学者组成的。

以上这三种说法长久以来被智库及其研究者秉持并宣扬，是智库活动的合法性来源。同智库联系的各种利益团体也认同这种说法并用以证明它们资助智库的合理性。可是，斯通的研究表明，智库的很多活动大大削弱了这些说法，有关智库的这三种“神话”正遭受前所未有的质疑。

（一）神话一：智库是国家、社会和科学之间的桥梁

50年前，对于什么是“智库”这个问题，有明确的定义，即智库是独立的、非营利的、带有政策倾向的研究机构。智库开始建立的时候，它们主要集中在美国、英国、加拿大和澳大利亚。

“智库”这个名词出现较晚，在第二次世界大战期间才出现。它原来是用来描述诸如美国兰德公司这样的提前预知军事计划的战略研究机构的。20世纪60年代，“智库”这个词开始在英美政策分析中根深

蒂固，并被用于描述整个英语世界的独立研究机构。因此，智库的社会科学特征通过英美经验而构成了。①

在任何特定的国家，宪法架构的类型、战争或稳定的历史环境、政治文化和法律传统，以及政权的性质，都决定着智库发展的形态与程度。因此，“智库”这个术语没有准确的定义。它们在规模、制度形式、政策范围、寿命、组织形式、调查准则和政治意义等方面存在很大不同。关于怎样定义这些组织，学术界一直都存在分歧。此外，这些组织的董事们经常在研究所和智库之间做一些细节区别。这些区别通常围绕着建议者的角色（智库）和智库政策研究的组织能力（研究院）展开。

一些组织声称采取科学或技术方法来解决社会和经济问题。还有些组织则公开受到党派或意识形态的影响。一些机构日常通过与政策简单相关的方式或凭借与媒体的良好关系，从事知识经纪和营销思想，其他机构则更加学术。许多机构都建立在学科基础之上——经济政策智库、外交政策机构、社会政策单位等等。专业化是一个相对现代的现象。环境智库、以区域为研究重点的智库和那些反映族群公共利益的智库都存在。虽然大多数智库都显示出了高水平的社会科学专业知识或熟悉政府结构和政策过程，但在风格和智库的输出方面却存在相当大的差异。因此，所谓的学术性智库与“思考并且行动的智库”是一种抗衡关系。换句话说，那些分析性的、出版书籍和报告的智库与那些更加积极行动的智库之间是有区别的。所以说，知识和权力桥梁的风格和方法是多种多样的。

智库这个术语是弹性的。进一步来说，这个术语在国际上的使用存在很大的差异。智库适用于具有研究目的的非政府组织，同样也适用于经济合作与发展组织、政府研究机构以及附属于政党的研究单位。那些曾经都不认为自己是智库的组织现在都准备贴上智库的标签。

---

① 参见 K R Weaver. The Changing World of Think-tanks. *Political Science and Politics*. 1989（3）. pp. 563—578.

表面上看来，智库这个标签具有深意。因此，全世界如此多的团体都说自己是智库，这是显示这个标签影响力的一个标志。它的使用也是获得国际捐助的基础与显示博爱的象征。这个标签被如此广泛地使用，以至于智库的含义变得越来越模糊。

1. 竞争与融合

斯通认为，智库这个术语的混乱，部分是由于政策分析来源的日益多样化造成的。关于智库的许多文献资料显示，智库的组织特征将它们与大学和非政府组织区分开来。然而，将智库形式与“科学—政府”桥梁的功能合并起来，则智库与其他组织的融合就会成为了问题。

与利益集团。这些集团通常被描述为旨在以鼓吹方式增进部门利益或单方面利益的集团。与之相对应，智库则被描绘成从事独立研究的机构；它们试图通过知识性分析和论证而非直接游说的方式影响政策制定或为决策提供信息；它们从事政策问题的知识性分析，并关注那些支撑政策的思想和观念。现在的情况是，这些非政府组织的专业化趋势由来已久，他们都发展出政策研究能力。

与专业协会。这些机构通常可以调动内部成员所具有的技能和专业知识。它们能将各自专业领域不同学科的管理者和政策制定者汇聚在一起，通过提供服务、开办研讨班和推出出版物来落实其宗旨。

与咨询和商业公司。越来越多的会计师事务所、投资银行、律师事务所、债券评价机构和股票分析机构扮演起强有力且独立的角色来监督公司并坚决执行监管标准。同样地，在培训和对话活动上，智库面临来自商业顾问公司、跨国公司尤其是来自金融部门的竞争。

与大学院所。一般来说，智库并非学位授予单位，但是也有少数例外，比如美国的兰德公司。特别是，现在关注政策事务的高校研究院所的不断成长，这个与智库构成了竞争关系。这些研究院所编制政策简报、构建人脉网络、提供咨询服务、为政府出谋划策从而桥接学术和政策领域。

斯通认为，从上述分析可以看出，边界的混乱和目的、行动的重叠使得传统的智库正在失去它的部分组织特色。智库为了争取员工而竞争，同样也为了获得官方的赞助和基金支持而竞争。大众媒体和互联网的出现意味着一般大众可以和政治家一样可以很快地找到政策分析。然而，竞争和融合的双重动态并不是使得“智库”这个术语的当代理解不稳定的唯一一种因素。智库如何进行国际扩展的是必要的，因此，必须在概念上延伸智库这个术语。

2. 智库的国际传播和伸展

在 20 世纪最后 20 年，智库急剧增长。那些已经出现智库的国家，诸如美国、英国、瑞士、加拿大、日本、奥地利和德国，见证了智库的进一步增长。斯通指出，在这些国家，智库间的不断增长的竞争通常会鼓励政策倡导活动和机构的政策化，这在美国最典型。

在拉丁美洲和亚洲，民主的巩固、经济的发展和政治稳定的前景为智库的发展提供了肥沃的土壤。苏联的解体同样为政策企业打开了政治空间。公司和非政府人员对高质量的研究、政策分析与理论论证的要求，以及政府发展规模和能力的要求，推动了全球智库的繁荣。

一些政府和国际组织试图扩大政策分析能力，促进人力资本发展。通过它们的帮助，智库被引入到一些民族国家。智库的概念已经出口世界各地，术语“智库”一直采用英语措辞，带有它的文化内涵。然而，实际上它已应用于混合组织。

西方的观点认为，为了能够自由思考，智库需要独立于政府、公司或者其他的盈利机构。这与其他一些文化中的经验是不一致的。在许多国家，从事政策研究的知识分子与政府之间的界限实在过于模糊，以至于把独立作为定义智库的一个要素显得没有多大的意义。况且在一些国家，不少被称为智库的组织在政府内部运行。现实情况是，尽管存在资金和政策依赖，但在这种政治环境中进行高质量的研究和技术分析并提出批判性的意见仍然是可能的。

不过，其他智库开发了新的领域，在这些领域中它们从事桥梁的工作。民族国家层面以上，有充足的迹象表明智库获得了进化与发展。诸如联合国、世界银行、国际货币基金会和世界贸易组织这样的国际组织，它们将智库引入它们的境界。建立在商学院基础之上的埃维昂

(Evian Graup)，就是世贸组织的政策轨道，作为一个面向贸易的智库，它提供“知识弹药”以促进一个开放的世界经济。

随着出现脱离具体的民族身份的欧盟智库的出现，欧盟为智库的活动提供了另一种机构的论坛。[①] 此外，随着信息和通信技术革命的到来，脱离具体的组织设置的政策研究的可能性变得越来越可行以及时尚。大多数的智库也有一个虚拟的存在。这也使智库间的国际研究交流与合作变得司空见惯。广泛的全球性的和区域性的智库网络形成了。

3. 作为桥梁的网络

当今，智库网络并不新鲜，在过去 20 年内，网络的规模和密度已经急剧上升，从北美和欧洲的机构向外扩张，包括了更加多样化的组织。网络从非正式的、因事而设的、社交或虚拟网络发展成为具有秘书处和大量会员的正式的国际协会。

斯通指出，国际网络围绕着共同感兴趣的领域和政策主题以及意识形态合并起来。举几个例子：欧洲环境政策研究所（Institute for European Environmental Policy）在伦敦和布鲁塞尔都设有办公室，它致力于发展欧洲的环境政策。它是网络式运作，就像柏林和马德里的思想机构。相比之下，阿特拉斯基金会 Atlas Foundation 集合全球范围内的自由市场机构，以提供启动资金和技术援助。像一个“没有围墙的智库”那样运作，经济政策研究中心（Centre for Economic Policy），总部位于伦敦，通过遍及欧洲和北美的经济学家们的网络运作，通过这个网络，它从事政策研究。1997 年以来，日本国际交流中心 the Japan center for International Exchange 召开“全球智库网络”会议，以促进政策性对话。

在区域层级，智库网络尤为明显，它往往反映了共享的历史、语言和种族关系的条件下，或遇到类似的跨国界政策问题。例如，智库

① 参见 Boucher S，D Cattaneo.（et al.）Europe and its Think Tanks：a Promise to be Fulfilled. *Studies and Research*. 2004（35）. Paris：NotreEurope.

在东欧和中欧国家转轨过程中，共享了私有化和公共部门改革的共同利益。智库数量在这个区域的迅猛增长推动了智库网络形成。

这些网络促进了政策分析和专业知识的跨区化。它们打造了共用的人事和通信基础设施，这使得新的思想和策略方法在全球和地方区域间快速转移。更重要的是，网络已经成为治理的一种形式。智库的典型服务对象一直是政府。然而，在私有化时代，外包和新公共管理盛行、私有部门和志愿部门在公共物品和公共服务中的重要性日益增长的时代，公私合作使得政策对话走向去中心化发展。这在“全球公共政策网络”的跨国水平中最明显。民族国家之上的治理结构往往更加弱制度化，科学政策的界限也更加变动不居。

跨国研究网络的发展延伸了传统的智库概念，传统意义上的智库是科学与国家之间的组织性桥梁。随着智库在国际上的扩展，智库的风格更加多样化，而智库的桥梁作用也就在这种背景下扩展了。合法的组织性形式不再从属于功能。智库这个标签现在可以应用于各种政府研究单位，这些单位是附属于诸如世界经济合作与发展组织（OECD）这样的有执行权的国际组织，或企业研究野村综合研究所（Nomura Research Institute）等由企业创立的研究部门。

（二）神话二：智库为公众服务

通常来说，智库的使命是为公共利益服务，他们在社会中的作用通常是用政策分析教育公众。事实上，许多智库作为慈善机构而具有合法地位，负有追求公共目的的义务。这种公开的愿望可以在许多智库的宣言或网站主页中找到。

一些智库机构没有表达要追求公共目标。其战略对象是政策社区和精英。斯通认为，其致力于“增进理解”或“为公共利益而研究”，但这引出了一个问题：为了谁的理解？解读这一问题需要采用的语言是三层次结构的表述。

“公共领域”是一个“观众”，对它来说，政策分析是向下传播的——作为接受教育的主体和提高认识的所在，而不是被当作一种思想和知识来源的公众。世界经济合作与发展组织中，公民习惯于阅读诸如《外交家》和《经济学家》这样的刊载机构报告的杂志，或者阅读智库专家发表的关于一个新闻节目的热点讨论。对公众来说，这个路径事实上是单向的、从上向下的过程，中间插入了媒体。几乎没有智库拥有反馈机制。它们可能会使用诸如电子讨论、焦点小组、开放日、会议系列、有时与非政府组织和社区组织合作等。

相比之下，“政策界”是智库的领域。智库与其他利益相关者进行互动——媒体、非政府组织、政党、工业界代表和政府官员。在这些领域，智库发挥了经纪人和把关者的作用，不断重新定义科学/政策的界限。在光谱的另一端，在与政治领域中的决策者和其他人的关系中，智库更像是乞求者，推销思想和分析上升到决策圈。在国家控制力非常强的国度，如越南、白俄罗斯等，情况尤其如此。

这并不意味着在智库与公众之间就没有互动。然而，这种互动确实不强烈。几乎没有智库是会员组织。智库将自己的办公室设在大学，也是非常罕见的。大部分都位于首都的中央商务区。对于感兴趣的公民来说，智库的组织文化并不如它的网站那样开放。精英空间、着装规范、术语和科学命题有助于与公众保持距离，并有助于与政策群体划分界线。事实上，智库的这种功能是将公共讨论限制在安全的讨论范围之内。在安全的讨论范围，只有那些深谙政策和社会科学交流之道的人可以参与讨论；也就是说，这恰恰是智库“桥梁”功能的反面。

智库与国际组织的相互作用是一个很好的例子。智库是联合国、世贸组织或其他国际组织的守门人，非常有潜力成为那些试图与联合国工作人员和办事程序直接接触的非政府组织的障碍。智库被描绘成一种组织，这种组织可以公布、引导和解释非政府组织对联合国提出的分析和倡议，并在意见冲突时进行调解。

智库主要是提供经济和政治文献资料，并与社会的其他成员保持一定的距离。建立这些机构的人和在这些机构中工作的人，通常是受过高等教育的、男性、中产阶级、西化的专业人士、经常有特权背景。组织的使命——为公共政策提供信息或者影响公共政策——驱使他们与社会上另一些更有权力的人士交往。那些由国际组织和捐助团体资助而成立的智库，往往是制度化的、主流的研究机构。它们的研究议程与资助来源组织的政治利益高度一致。因此，非政府组织可能对智库进行负面评价：精英、排外以及与公众联系脆弱。

斯通认为，一些时候，智库首先感兴趣的不是提倡公共利益，而是其帝国的建立。在赢得赠款或合同本身时尤其明显。对于智库的持续发展和成长来说，扩张项目、筹集资金、出版更多的书、获得媒体报道和政治庇护等都是必不可少的。市场压力增加了机会主义行为的可能性。

同样，智库的工作人员也可能是机会主义的，将这些智库组织作为职业发展的工具。智库是一个训练场。在这里，政治野心家可以练习他们的政策问题，磨炼他们的修辞技巧，使自己能进入政策群体。智库以培养专业分析师——经常在智库、大学和政府部门之间走动——的形式生产人力资本，这具有长期的影响，因为这可以通过之前的雇员直接将智库与政府部门联系起来。

智库需要同出名的和成功的职业人士打交道。吸引新的人才是至关重要的，这样可以防止智库过时，并使智库接收到新的思想和思考。因此，吸引下野的政治家和幻想破灭的官僚来工作不仅有益于促进学院的声誉，同时也为他们提供了退休后的工作。简而言之，智库有兴趣培养它们工作人员的政策职业生涯，并为这样的个人提供一个环境以让他们可以追求自己的利益。

智库面临的另一种危险可能是空心化。智库工作人员显然是政府的招募对象。如果智库雇员被任命为新政府成员，政府换届就会削弱一些智库的实力，这就是旋转门现象。然而，由于与某一政府或政党关系密切或是为某一政府或政党鼓吹所导致的智库政治化现象，被人们认定会对智库学术上的正直和信誉产生微妙、不利的影响。

一方面，智库向公众宣称自己将促进社会受教育程度，另一方面，现在又面临许多民主国家里公民的政治冷漠。这种脱节日益严重，造成政策社群的高度排他性。

（三）神话三：智库思考问题

一般的假定是，智库包括了当下那些思考主要和次要政策问题的人；也就是说，它们是“思想机构”。关于智库是智力和科研企业的神话似乎是一个思维定式。

也存在“思考—行动”智库。也就是说，智库发起和支持社区项目的实现或执行、政策试验、评价计划、监控等等。一些智库也参与道德培训、提供在职课程、制作电视纪录片或者能力建设。正如前面提到的，组织生存资源是一个首要的问题，需要从“思维”或政策研究转向市场营销、宣传和公关。同样，与其他智库建立的网络关系，或者社区和全球公共政策范围内的网络关系也是严格意义上的智库资源。

斯通认为，存在不同类型的思考、分析、评价和公布政策的努力。这些种类可以做如下描述：（1）回收、编辑和合成；（2）“垃圾桶”式的企业化政策分析；（3）科学验证。划分这些类别的目的是要回答以下问题：智库是如何成为研究与政策之间的桥梁的，以及智库是如何处理知识和权力的边界的？

1. 回收箱

“回收箱”法、“合成箱”法、将学术著作重新解释成更容易接受的形式，对于忙碌的官僚和将注意力集中于选区的政客来说，是一种有价值的追求。治理的日常压力通常意味着决策者的注意力相对较短，他们依赖自己的员工收集相关的研究和数据。智库努力为他们提供这些资料。

智库是将前军事人员、政府人员或非政府组织领导的观点综合起来的工具。这些人不容易获得大学的聘用。从这一方面讲，通过智库，不仅可以回收思想，而且可以回收从业者的经验。专业经验的回收是一个无形的桥接模式，它丰富了政策分析，在许多决策者看来，它可能提高智库报告的信誉和实用性。

“回收”的部分工作是在重复。通过不同的形式和产品——讲座、会议、研讨会、政策简报、网站、书籍——不断重申政策信息，能够进一步阐发这些政策研究成果，这种重复对于提高公众和媒体的意识是必要的。

智库也充当编辑角色。面对来自非政府组织、他国政府、公司和其他机构的大量有关信息和分析，国际组织和各国政府需要知识组织和值得信赖的专业人士对之进行筛选和证实。智库也有一个“商标”，象征着它是理解相互矛盾的证据和处理过载信息的合法和中立的工具。

因此，智库像“回收箱”一样发挥作用。这个功能在不同的政策研究所之间有不同程度地应用。然而，政策研究与政策分析的编辑、综合和重复通常不足以“渗入”政策社区而影响政策。相反，智库战略意义远远超过仅仅作为一座桥梁。它们也直接参与政策过程。

2. 垃圾桶

“垃圾桶”的想法是由科恩等人提出的，他们认为决策是一个混乱和非理性的过程。这与其他一些关于政策过程的理论相反，其他理论认为政策过程将更理性的信息输入政策之中。事实上，桥梁隐喻着线性，智库编辑或改造知识是单向运动，从基础科学到应用科学，从提出问题到解决方案，从抽象的理论家到开明的决策者。

在“垃圾桶”模型中，决策被描绘成一个高度不可预知的和模糊的过程。决策者在决策过程中定义目标和选择方法。诸如国家部委这样的组织没有理性意义上的目标；然而，他们在附加问题的解决方案过程中定义目标。简而言之，问题是为了证明解决方案的有效性而存在的。智库在寻找问题的解决方案，解决方案追求问题，问题、事件和解决方案掺杂在一起。

“垃圾桶”概念被金登修正了。在这里，政治决策来源于三个流之间的相互作用：政治事件、问题识别和政策建议。这三个流之间重要性如何平衡、如何相互作用，不同的策略设置不同。虽然要假定存在多元化的政治图景，但毕竟金登的观点构成了一套有关议程设置的重要理论，这一理论能直接与智库角色分析关联起来。

在政治流中，选举出来的或（自我）任命的人员都是政治议程中备受瞩目的人员。相比之下，智库在政策流中则不太明显，但它在（重新）制定政策选择中发挥了重要作用。既然议事日程总是拥挤，并且财政资源有限，所以政策企业家们在维持政策建议有效性方面至关重要。

智库推销那些在“垃圾桶”里经过长期培育的政策思想。当新问题出现而导致政策困境时，智库里的政策经营者们会从“垃圾桶”里提取政策建议以及对问题的阐释和解读。智库的政策分析往往是等待它们的“机会之窗”的成套解决方案。它们会与其他“垃圾桶”互通有无，借助专家网络构筑互助联盟。简而言之，它们引导政策流和政治流，力求二者的融合；它们也把握一切机遇（如政府换届、选举、政策危机），力求改变法律和政策。这不仅仅是重新划定科研与政治二者边界的范畴，还关涉到重新划分政治版图和对活动于其间的政治/科研行动者的操控。

政策企业有多种形式，体制化的或个人经营的。没有培养政策企业的“秘方”或“工具包”。在政治流和政策流中“钻营”的政策从业者精妙地施展“语音混合”，通过个人关系、网络、媒体策略和创造性地使用强有力的政策表达，把技术性问题简化为可操控的公共政策条款。政策企业角色功能的发挥其实正依赖于此。对专家话语的管理而不是研究本身令智库在议程设置中发挥力量。政策企业是一种商定（有时是否定）专家和决策者彼此边界的重要的社会实践。当然，参与其间的智库的学术公信力和知识权威性同样重要。

3. 用科学愚弄我们

通常的情况是，最著名智库自己完成政策分析。它们已经被描述为“创意工厂”“大脑框”或“思维细胞”。思考是智库的一个关键的功能。这意味着吸引顶尖的研究人员。最成功的智库拥有那些可以在学术界很容易立足的员工。因此，通过各种管理实践和学术活动，智库的权威得到了培养和繁荣。

在政策辩论中，智库学者的知识凭证（博士学位、在大学和政府研究机构的职业简介、咨询团体专家的身份）贡献了一些信誉和地位，增加了他们建议的重量。然而，不管是知识生产还是知识交流，都是无关政治的，这可能非常明显。大量的社会实践给他们的产品——理念、出版物、分析——赋予了科学的客观性和技术中立性。复杂的计算机模型、积极的经济理论或科学命题论文发表在专业期刊上，它们创建了“交流编码”和协议，这些使得一些知识更有说服力或者更加可靠。编码知识不仅再生产很昂贵，而且难以获得。诸如同行审查和专业认证这样的实践是排他性的过程，只有那些具有相关凭证和掌握协议的人员才可以参与。

质量问题和严谨是非常重要的。对一个智库来说，最糟糕的命运是被视为交付了不可靠或草率的分析。在管理方面，智库领导倾向于强调学术出版物、严格的方法和科学的同行评审。这被如下组织策略加以辅助：创建一个学术顾问委员会、鼓励智库研究院建立类似大学体制的休假制度或教学活动、建立博士后项目和奖学金、举办学术协会。对知识独立和学术坚定的追求赋予了智库权威性。智库——单独的和集体的——需要保护自己作为专家研究机构和分析组织的社会地位。

智库确实思考，进一步来说，它们在为政策研究和独立分析确定标准中确实能发挥重要的作用。这样一来，他们就区分了与政策相关的“专家”和非专业的倡导者。事实上，智库是这种社会边界一个组织的表现。

现在再回过头来反思智库的角色和功能。智库通常被描绘成知识和权力之间的一座桥梁。这个形象基于科学和政治两种概念。科学和政治是两种本质上不同的人类活动领域。智库描绘成一个桥梁就是坚持这些区别，并将这些组织理解为中立的，介于科学世界与政治、政策世界之间的独立世界。将智库比喻成桥梁，在理论与实践之间、在“象牙塔”与所谓的“真实世界”之间建了一种虚假的本体论区分。两个域之间的边界保持不变，但被智库这样的桥梁连接起来，智库在维护和调节边界中也发挥了作用。

但事实上，斯通认为，知识和政策是相互联系、相互构建的。智库不是单向地将研究输入政策。先前的研究显示，很多智库提供概念性语言、执政的范例、实证的例子，这些之后成为政治制定者接受的假设。在这种知识行动中，智库不是单独行动，通常与新闻界和大学里面的志同道合的思想家一起行动。通过他们的网络和政策社区，智库具有了“边界超越”品质。这种品质让它们充当调解人。也就是说它们有能力和智力资源，这允许它们从事将国家、区域和全球的治理连接起来的工作。为了对所谓的社会——经济现实进行解码、解释和调整，对意识形态进行管理，需要居中调解者。远离知识和权力，智库是知识/权力关系的一种表现。简而言之，知识和政策是共生的，相互依存的。

这些组织也构建叙事、例程和标准，这与它们在科学和国家或社会之间所扮演的角色相关。智库是专家、科学和权威建议的中心，这种认识的确定是因为智库组织的学术资格，也是因为智库组织与政策机构和捐助团体的关系。政策机构和捐助团体对这个神话即智库思考问题非常感兴趣。在委托和资助的研究中，这些兴趣要求用与智库相联系的独立、理性、严谨的分析来满足。同样，支持智库的正当性——媒体愿意使用智库专家——在于智库为公共利益服务的神话。往往，智库被认为是一个研究、科学思想和政策分析的中立的传输带，在国家和社会之间的交流中发挥了适当的作用、充当了一个适当的角色。

因为它服务于政策话语，智库描述中的本体论区分仍然在延续。相比于“垃圾桶”或者知识——政策的连接的复杂表达方式，隐喻和“神话”具有更多的公共权力、媒体反响和政策吸引力。

为什么神话依然存在？斯通总结道：科学和利益使然。神话依然存在，因为它对政府和国际组织支持所谓的独立的“思想机构”是有用的。这个独立的思想机构代表了它们与公众之间的单向桥梁。①

① 参见 Diane Stone Recycling Bins，Garbage Cans or Think Tanks？Three Myths Regarding Policy Analysis Institutes. *Public Administration*. 2007，85（2）. pp. 259—278.

四、学者对智库实际运行过程中的短板分析

目前很多学科的学者群体和专业人士都在为主要政策问题全职工作。然而，实际智库的运行过程存在诸多不足。诊断和检查智库的实际弱点，更好地提升它们的产品质量，这是国外学者们始终关注的主题。

思想库绩效的评价和改进需要的识别必须依靠它们对于政策制定实际贡献的评估，将实际作用和所需作用进行比较，将政策困境的变化程度进行比较。因此，当政策问题慢慢改进，现有政策结果主要接收方都还满意，那么增量的政策改进就是需要的。但是，当政策的困境从根本上发生改变，政策渴望水平大幅度跃升时，那么政策范式的再考察和重大政策的创新就变得至关重要。不同智库的贡献也相应地不同。

评估智库的绩效，即指出智库在实际运行中的不足是一件困难的事情，因为智库是多样性的；对它们运行过程乃至产出的研究都很匮乏；它们的产出随着时间推移会发生改变；智库缺乏自我评价研究；智库工作的保密等级等等。尽管如此，智库运行过程中的一些共同缺陷，经德罗尔教授概括阐释后，还是在学界取得了共识。

（一）智库本身的相对缺乏

其中最引学者关注的是智库在全球范围内的相对稀缺性。美国是一个例外，具有多样形式的智库。在欧洲的小国家和极少数第三世界国家，以及在苏联，也有几个智库——通常较小，工作局限在有限的政策范围内，专职人员的学科组成也很狭窄。存在一些跨国智库，如国际应用系统分析研究所（International Institute for Applied Systems Analysis，IIASA）、联合国训练研究所（训研所）（the United Nations Institute for Training and Research）、国际战略研究所（the International Institute for Strategic Studies），以及欧洲政策研究中心（European Centre for Policy Studies)。但是，绝大多数国家都没有。学者们发现，大多数现有的智库，除美国外，它们活动的范围都非常有限；尝试建立更多的智库或改善现有的运作通常是困难的。同时有学者还补充了一些要点：

第一，智库的历史可以追溯到大约20世纪30到40年代，布鲁金斯学会和兰德公司在决策领域作出了开创性贡献。但是由于智库的建议一般讨论不充分并经常被误解，大力发展智库的做法并没有被广泛扩散。因此，智库的无知不能被指责为它们在大多数国家缺位的主要因素。

第二，智库稀缺性的这一发现排除了在经济政策领域的诸多政策研究机构，这种类型的机构在许多国家中都大量存在，其中的一些还能处理国际经济秩序问题和多国间的经济发展问题，比如经济发展政策。

第三，在一些国家，特别策划单位为国防总参谋部或国防部门服务，在国家准智库安全政策领域，智库研究有时与国防科研组合和发展起来。一个很好的例子是瑞典国防研究所（FOA）。

第四，在众多的第三世界国家，并在一些欧洲国家，如法国，专项规划单位或规划部，不管叫什么，确实是一部分作为智库而运作的。因此，法国计委和日本国际贸易部和工业部将智库的一些功能局限在有限的领域。但是，一般来说，规划单位已经从考虑主要政策问题转向了行动详细计划或预测的准备上去了。

第五，未来研究部门在一些国家（如瑞典和新西兰）的存在，有时履行智库的功能。一些创新的方案已经被未来研究部门设计出来了；但在结构、方式和范围上这些部门和智库的研究还大不相同。更重要的是，经过一些年的运作后，这样的部门通常被关闭了，这种替代性思维被证明很难在政府的支持下生存。

第六，在相当多的国家，政党研究机构履行某些相当于智库的功能。不过，和政党的意识的关系是它们和智库的区别。

第七，在一些国家，一些大学也在履行智库的功能，或者把这些研究机构建立在大学里。除了一些特例之外，比如澳大利亚国立大学里的独特的研究学校，这些努力都失败了。大学是以生产纯知识和培养专业人才而见长，而不是生产应用的政策知识。此外，大学按既定学科组建必然是结构化的。因此，大学不能满足智库的许多功能。

第八，在许多国家，各种机构都被视为与智库的功能是相等的。因此，调查公共委员会往往被呈现为影响决策的智库。这种情况时有发生，但这仍不是普遍现象。即使在瑞典，公共委员会也不能弥补在大多数政策领域智库的缺阵。更何况，在其他国家无法以任何方式公开调查，而这是智库的优势。

第九，政策研究在不同的国家是由各种组织机构代劳的。尽管在制定公共政策方面起了非常有益的作用，其中部分还取代了智库的功能，但这些组织仍然缺乏必要的全职、跨学科和持续的政策研究工作等条件。

（二）现存的智库成长很困难

德罗尔教授认为，日本国综合研究开发机构（NIRA）是一个特例，其成立于1974年，由政府和民营企业共同组建，推进了智库在国家重大政策问题的工作。其他国家则因为特殊的法律地位和具体客户的不同，大部分智库都处于日益困难的窘境，资源越来越少。

对于智库支持度下降可以从建立初始意图和最终规模及活动领域之间的差距来看，例如，成立欧洲智库去仿效美国布鲁金斯学会，但欧洲政策中心的活动非常有限；或者原始意图和加拿大公共政策研究所实际结构之间有差别；建立一个智库的提案在澳大利亚应者寥寥；新成立的以色列智库在5年后关闭。在英国，建议成立一个智库来整合政治和经济规划，以及社会政策研究中心，结果却产生了满足这一些重要智库功能的政策研究所。

在某些情况下，独特的因素在起作用，从而把智库置于特殊压力之下。因此，国际应用系统分析研究所最初设置为一个智库，由美国和苏联共同主办，但两国关系的恶化使得美国政府决定停止资金支持。

撇开特殊情况，德罗尔认为一些智库面临的共同的困难包括以下内容：

第一，公共支出的压力，这在所有国家导致努力杜绝“非必要”的预算项目，这往往意味着在实践中砍掉任何具有政治代价的预算项目。智囊机构在小选区里，因此，一旦银根缩紧，他们的预算是首批在公共支出中砍掉的。一般抽象的政策问题是，政策问题越困难，政策研究的创新力度就越大，这在现实世界是行不通的。

第二，公众对于科学和科学方法贡献的疑虑削弱了智库的合法性。

第三，许多政策问题的政治意识形态性进一步降低了智库贡献的价值。当政治神学而不是实际的分歧主导政策辩论时，智库准理性的贡献就被低估了。

第四，一个负面联系的印象产生了很多的质疑，这个负面联系是美国一方面拥有全世界的好智库，另一方面却不是一个公共政策智慧产出的好典范。

第五，偶然性事件已经对在一些国家受到冷遇的智库产生很多影响。五角大楼文件从兰德公司泄露出来就是一个戏剧性的例子，在不同的国家作为一个经常被引用的例子来反对智库。这类事件使得高层决策者很担心。

第六，即使智库研究时具有良好的态度，但是引人注目的产品数量还是相当有限的。许多令人印象深刻的研究确实存在，但智库的研究还达不到需求的程度。在某种程度上，这是因为政策困境造成的，其中一些属于政治意愿和政治象征意义领域，而不属于准理性的世界。尽管如此，从高层决策者的角度来看，智库的实际表现也往往非常令人失望。

（三）智库研究的产出达不到政策制定的需求

德罗尔提醒道，在需求满足方面的缺陷不一定是智库在目标方面的不足。因此，如果一个智库制定了其作为决策主要实际数据来源的任务，则缺乏创新政策并不表明该组织的任何目标出了问题。或者说，如果一个智库是先验的，并由于其成员构成限制，其不能在意识形态争议的政策问题上和主要利用定量方法的问题上有所贡献，则可能它故意忽略许多重大决策选择的分析而仅仅局限在这些问题的截面上，那么从这些智库自身条件的角度来讲，这也不能被认为是一种失败。

诚然智库评价的区别一方面要考虑到智库确立的任务，另一方面要考虑到政策制定者的需求，但智库对于政策制定者需求的满足确实微乎其微。

德罗尔认为，在变化通常非常缓慢的治理机构领域，35 年左右的时间（从智库首次确立以来）对于主要的政府流程和官僚制政府的主要特质来说是一个相当短的时间段，这对于政府调整决策模式，以便充分利用这些智库是一件不容易的事情。事实上，考虑到思想库和传统政府体制和结构的这种矛盾，政府拒绝智库的思想、反对它们运行、阻碍它们对政策制定发挥作用是相当自然的事情。传统的政治和官僚制产生了更深远的影响：智库被迫调整自己的表现，调低其表现以减少传统的政治和政府机构的敌意，从而能生存和发展下来。比如，智库立足于学科和专业知识进行工作，而这在大多数官僚体系中都相当匮乏。因此，承认智库的重要性贡献就等于降低自身专业自尊和官僚机构的合法性基础，并承认大多数高级官员已经过时了。

在西方民主国家这种情况很是强烈。而在封闭社会和一些欠发达国家则有过之而无不及。在封闭的社会，官方教条地抑制必要的研究自由，没有研究自由，智库难言有益。这种两者之间的矛盾并没有穷尽政府机构对智库进行抵制的原因。官僚政治和对于权力不断渴求的现实，加之对稀缺预算的激烈竞争，增强了传统政府机构和智库之间矛盾的来源。很难改变社会和政治现象以及政府机构以更加支持智库活动。提高他们政策制定贡献的负担落在智库自己头上了。

（四）缺乏自我评估

甚至对其他人或组织做了很多评估工作的智库也没有系统研究过自身行为的影响，也不寻求外部和独立的专业人士去做组织的评估研究，只有很少的年度进行简短全面审查自己的活动。总之，德罗尔的研究表明，智库的自我认识是有限的、片面的、分散的，可能有些是临时的，因为不是定期参与系统和结构化的自我评价。

在几乎所有的智库访谈中，相对简单的原则上可回答的问题都以轶事的方式回答了（如它们在媒体上活动的内容分析；关于智库研究在立法审议上的影响；关于前智库员工在各种政策制定岗位的数量问题；关于主要研究的影响评价等等）。这些问题往往使得智库高级官员一惊，显然他们几乎从来没有系统思考过，通常情况下会坦率地承认，其自我评价是零星的。

(五) 缺乏能力开发策略

智库通常有多年工作方案，受到已认知的不确定性资源的限制。但德罗尔的研究发现，很少智库有增强自己战略能力的多年策略。很多以建立能力为目的的不同活动仍在继续做下去，如派工作人员去参加专业会议以便进一步的研究，将一些方法论工作继续下去，有时甚至招募专业人士引入新类型的知识。智库在更新已经纳入自身的学科知识方面做得非常好，但是对于开发自己的能力，相应的战略还是缺乏的。

一个智库在受限制的政策领域工作多年可能摸索出一套对于相关政策制定实际的务实理解，但是并不一定全面。政策制定的心理问题、基础广泛的比较和多元文化的视角、历史和文化的关键点和其他与现实政策制定相互冲突的、复杂的、专业的、理智的水平都超出了大多数智库的视野。许多智库中经济学研究颇具实力，但这增加了认知复杂政治现实的困难，因为在这一方面，经济学模型基本上不起作用。

这是一个相当大的弱点，因为它抑制智库的政治市场的产出，妨害了它们同官僚政治竞争，而最糟糕的是，使它们无法确定政策制定的潜在需求所需要的贡献。智库缺乏对决策现实复杂和全面的了解，也解释了为什么元决策的改善缺乏智库的贡献。此外，这也强调了智库在政策制定中的角色概念化不足。

（六）方式和方法上的不足

杰出的专业资格是智库的主要财富。但是这个优势在德罗尔看来已经被证明对于智库发挥作用而言是一个严重的限制：专业人士喜欢做高层次的工作，比如规范、模式、现实反思等等，这些都在他们的专业范围之内，所用方法也在各自学科的公认领域内，但没有超越出去。

智库曾试图克服这种限制：（1）跨学科的研究；（2）新方式和方法的发展，这将允许政策问题的处理超出传统学科的限制。在实践中，智库做了大量工作来开发新方法，从而对政策制定发挥新的作用。因此，系统分析、成本效益分析、决策分析、情景写作、复杂仿真模型和运筹学的先进技术方法说明了作为现代政策分析基础的现代方法在智库中的作用。但方式和方法的突破受到了知识哲学假设的抑制和范式的限制。依据实证主义、狭隘的定理证明、量化固定、因果简单的假设等做出的政策分析很难满足现实生活决策的需要。①

① 参见 Yehezkel Dror. Required Breakthroughs in Think Tanks. *Policy Sciences*. 1984 (16). pp. 199—225.

第七章　智库的影响力与评价研究

智库的影响力研究是国外智库研究的最新热点。影响力是行为者在社会（或国际）交往中影响和改变其他主体行为与心理的能力。智库影响力显然就是智库在其社会交往或国际交往过程中影响和改变其他主体判断、决策与行动的能力。正如奈格尔（Jack H. Nagel）所指出的："影响力是一种行动者之间的关系，一个人或一些人的愿望、欲望、偏好或意向影响到另外一个人或一些人的行动或行动的倾向。"① 质言之，"影响力是权力的一种形式，但与控制力、力量、强迫和（可能的）干涉截然不同。它通过告诉其他人行动的理由（除了威胁的方式），这些理由或者是对他人有利的，或者是道义上以及善意的考虑，来对其行为进行影响，但是这些理由和考虑必须是对他有分量的，从而影响其决策"。②

由此可见，影响力的实质是通过具有说服力的语言和"潜移默化"的行为来达到影响别人思考、决策乃至行动的目的。伴随着社会分工的日益细化和社会事务的日益复杂多变，从 20 世纪中期决策系统与参谋系统相对分离以来，世界各国的公共政策制定过程越来越依赖来自政府系统内外的、由各种专家组成的相关参谋机构提供的信息、建议或者方案。这些由各种人才构成的智力资源往往被称作智库、智囊团，

---

① 转引自朱旭峰、苏钰：《西方思想库对公共政策的影响力——基于社会结构的影响力分析框架构建》，《世界经济与政治》2004 年第 12 期。

② R Scruton. *A Dictionary of Political Thought*. The Macmillan Press. 1982. p. 224.

或简称智库，它们构成世界主要国家公共决策系统不可缺少的重要组成部分，并成为全球化过程中汇集信息与智慧和掌握时代发展潮流的领域。在这种宏观背景下，智库的发展程度及其影响力，在政府竞争日益激烈的当代世界，显然已经逐渐成为衡量一个国家现代化发展水平和文明程度的重要标志。

一、智库影响力的特点阐释

相比于政府及其公务人员、议会、法院等公共权力行使者的影响力来说，智库影响力具有自己的一些明显特征。国外不少学者都对此进行了研究。根据这些研究成果，可以归纳出智库影响力以下几个方面的特点。

（一）智库影响力是一种显性影响力

依据著名政治学家达尔（Dahl）对影响力所进行的划分，影响力包括显性影响力与隐性影响力两种。所谓显性影响力就是行为人通过自身的积极作为而产生的影响或改变他人心理或行为的能力；而所谓隐性影响力则是指非借助行为人自身的积极行为而依赖其自身所拥有的魅力或威信等“软实力”而产生的影响或改变他人心理或行为的能力。亦即达尔所说的，“如果甲要结果 X；如果甲的行动是有意识地希望乙产生 X 的结果；同时，如果作为甲的行动的结果，乙试图产生结果 X，那么甲施加在乙身上的是显性的影响力。如果甲想要结果 X；那么尽管甲并不刻意使乙产生 X 的结果，但如果甲对 X 的意图致使乙试图造成 X，那么甲施加在乙身上的是隐性的影响力”。① 根据达尔对影响力的以上区分并结合智库影响力自身的特质，智库所具有的影响力显然应当是显性的而非隐性的。这是因为，隐性影响力作为非借助

① R A Dahl，*Modern Political Analysis*（5th *edition*）. New Jersey：Englewood Cliffs. 1991. p. 25.

行为人自身的积极行为而依赖其自身所拥有的魅力或威信等“软实力”而产生的影响或改变他人心理或行为的一种能力，实际上更类似于一种权威或威慑。它可以使行为人在不采取任何可观察到的行为的前提下，产生使别人做出为顺应或迎合自己而形成的行为。而智库对政策或政策之决策者的影响则是通过智库自身积极地游说或建言献策才得以形成的，作为一种非政府的和本质上独立的思想生产机构，智库自身并不具备仅依赖其自身所拥有的魅力或威信等“软实力”而产生的影响或改变政策决策者心理或行为的能力。智库的非政府性以及独立性决定了当其自身试图实现其影响力时，通常只能采用书面的或口头的形式传播其观点、思想或研究结论，而无法借助于行政措施或立法手段，或者是像利益集团那样采取游说的方法，使决策者接受并采纳其建议。就此而言，智库影响力是一种显性影响力。当然，智库影响力是一种显性影响力的判断并不妨碍智库隐性影响力的产生，对于那些老牌的、已经对政策决策层产生重要影响的智库来说，他们也会对决策者产生一些隐性影响力。但就总体而言，智库影响力依旧属于显性影响力。

（二）智库的影响力具有因果性

影响力是一个关系范畴，它反映了行为者与被影响者之间影响与被影响的关系。智库影响力作为影响力的一个重要分支，也是一个关系范畴，它反映了智库与政策决策过程中的其他行为主体之间的关系，并在两者的关系中强调前者对后者的作用。就此而言，国外学者认为，智库影响力的发挥必须是在智库与政策过程中的其他行为主体之间互动的条件下，离开了互动这样一个前提，智库影响力的发挥将无从谈起。智库影响力不仅是智库与政策决策者之间的一种静态属性，更是两者之间的一种动态作用。智库影响力主要发生在当政策决策者确实由于智库的存在而作出了智库希望得到的结果之行为（政策产出）的时候。没有政策决策者的行为，就根本不可能会产生智库影响力。就此而言，智库影响力是智库自身的愿望、欲望、偏好或意向影响到政策决策者的行动或行动倾向的结果，智库影响力具有显然的因果性。

（三）智库影响力具有灵活性

智库影响力不仅具有显性与因果性，还具有灵活性。这种灵活性主要体现在智库影响政策决策者的方式、方法以及影响力发挥的对象上。智库以影响政策决策者的政策产出为目标，但其本身并不能决定政策的产出，而只能通过宣传或传输自己的思想观点与见解来影响政策决策者的立场与看法，从而起到影响决策的最终目的。为此，学者们认为，在影响决策产出的方法上，智库必须灵活多样，以便形成足够的适应性，能够为政策决策者所青睐和采纳。正因为如此，智库会采取撰写文章、出版论著、提交专报（或简报）、召开有政策决策部门参加的研讨会或发表时评、社论等多种形式来强化自身与政策决策者之间的关系，通过各种可能的方法发挥其自身的影响力。不仅如此，在其影响力发挥的对象上，智库为了实现自己影响政策决策者及其观点的目标，其行动往往不仅直接施加在政策决策者身上，而且通常也会施加在具有影响政策决策能力的其他政策过程的参与者身上，因为通过其他政策过程的参与者，智库也可以间接发挥其影响力。正如著名智库学者埃布尔森所指出的，智库最重要的目标就是实现其在政策决策过程中的影响力。无论智库是大是小，也无论其兴趣何在，智库的研究者总是寻求机会向官员、记者、资助人和其他公共组织的负责人等尽可能地宣传自己的思想与建议。通过这些活动，智库得以有能力和机会直接或间接地影响政策的产出。此外，由于智库内的专家本身处于社会知识精英阶层，其本身要面对社会结构中处于不同阶层地位的政策参与者，这也决定了智库将采用截然不同的策略和影响力活动。

（四）智库影响力的结果具有不确定性

影响政策决策者及其观点，从而达到影响政策的产出，固然是智库的目标，但正如精英理论所指出的，作为精英的智库只代表了他们在政策决策过程中的影响力，而影响力并不一定会导致他们能够获得社会收益方面的优势；换言之，智库影响力的发挥并不一定必然产生其所预想的结果。因为智库本身是非政府机构，不是政策决策者本身，其对政策产出的影响将取决于政策决策者是否愿意受其影响以及能够接受其思想和建议的程度。而不同国家的政府对采纳智库建议的意愿是非常不同的，这不仅导致了他们政治与社会地位的差异，也导致了其对政策决策者影响力的差异。比如研究表明，英国的智库虽多，但由于英国的官员和政府机构并不欢迎英国的智库，智库被认为总是指出政府政策缺点的“刺头”，而不是给出正面建设性意见的后援。另外，白厅里也没有非常强的接受智库观点的文化。在这种背景下，即使诸如英国具有领袖地位的智库玛格丽特·撒切尔研究所或者被认为是首相布莱尔耳目的费边社和公共政策研究所（the Institute for Public Policy Research，IPPR），也并不意味着它们的政策建议就能够成为最终的政策决策。而相反，在美国情况就完全不同，美国不仅在文化上而且在制度上都鼓励政府部门官员聘请外面的专家。所以，在美国，智库的影响力比它们在英国的同行的影响力要强得多，而智库的社会与政治地位也高得多。以此观之，如果智库本身提供的建议不符合政策决策者的决策需要，则政策决策者通常就会不接受智库的建议，从而使得智库影响力的发挥无从谈起。此外，伴随着智库产业的发展，智库互相之间在媒体覆盖和政治关注度上的竞争以及同其他咨询组织在政策决策者注意力上的争夺，已经成为制约智库实现其影响力的重要因素。在此情形下，如果在政策决策过程中有其他具有政策影响能力的参与者参与，则最终政策的产出也很难说就一定是智库影响力的结果。就此而言，智库影响力的结果是不确定的，具有不确定性。

二、智库影响力的层次分析

智库影响力的最终目标是影响政策决策者及其观点，这是智库存在的基本价值之一。正如有学者指出的，“智库研究公共政策，但不具有行政权力，也没有营利能力，主要是通过为决策部门提供‘智力产品’，以及这种服务的影响和声誉来维持自身的生存与发展”。[①] 但由于社会结构的复杂性，智库对政策决策者的影响往往并不是直接施加的，而是针对社会结构中处于不同阶层地位的政策参与者采取不同的策略和影响力活动。而智库对政策决策直接或间接的影响力，是通过与不同政策参与阶层的互动而实现的。因此，学者根据智库与不同阶层互动的行为特点，将智库影响力划分为：决策影响力、精英影响力和大众影响力。智库对于每个阶层的影响途径是不同的。具体来说，对于作为决策者的政府来说，智库影响力发挥的关键是建立畅通的沟通渠道；对于除媒体之外的其他社会精英来说，由于其信息渠道比较畅通，政策观点和信念比较牢固，因此智库宜采用各种不同的交流方式对其施以影响；而对于普通大众来说，由于其获得信息往往是被动的，因而智库发挥其自身影响力的关键显然应在于努力建立与公众媒体的良好关系。

（一）决策影响力

决策影响力是智库影响力的核心，是智库对政策决策所发挥的最直接影响。所以这是学者们关注的首要因素。无论智库的大小和兴趣，其研究者总是寻求机会向官员、记者、资助人和其他公共组织的负责人等尽可能地宣传自己的观点，从而通过这些行为，直接或间接地影响政策的产出。这是因为决策者是否考虑或者采纳智库的政策建议，是判断智库影响力大小的主要标准。因此，通常情况下，为了发挥其决策影响力，智库会建立一些直接与政府的政策决策机构进行联系的正规或非正规的沟通渠道，将自己的研究成果以各种口头或书面的形式提供给政府机构的决策者，以尽力使决策者理解、接受并采纳自己的政策主张，比如进行委托研究、参与国会活动和担任政府决策顾问、为决策部门撰写简报等。美国国务院政策规划办公室主任理查德·哈

① 王春法、张国春：《美国思想库的运行机制及其启示》，《民主与科学》2004 年第 3 期。

斯（Richard N. Haass）就曾坦言说："要引起决策者对'新思想'的青睐不是件容易的事。因为整天泡在众多的信息中已经让他们够繁忙的了。为此，智库要充分利用多种渠道和市场策略——出版各类文章、书籍和不定期的论文，不定期地出现在电视、杂志和报纸访问当中，写一些读者喜闻乐见的时文、简报和网页。"① 智库的决策影响力就表现在政府决策部门愿意抽出时间来关注其研究成果，并最后采纳其建议。因为只有政府决策部门愿意抽出时间来关注其研究成果并最后采纳其建议，才表明其真正影响到了政府决策部门的决策，其决策影响力才得以显现。

实践中，为了追求更加"接近"政府，智库会想方设法参与政策团体以吸引部门和机构或大臣和资深公务员的注意。许多智库的职员在政府中具有相当的社会关系网络，他们中有些人和政府高层有过多年的合作关系，也有些本身就是从政府卸任的高级官员。此外，为了提高自身决策影响力，各国智库都比较重视自身思想观点的传播。例如，德国智库在向服务对象提供咨询决策服务和研究成果时，就很重视利用媒体与网络来传播自己的思想观点，特别是印刷媒体。"它们还与电视和广播电台保持密切联系，通过媒体和网络推销其政治和经济观点，这样不仅对政府的决策酝酿起到辅助作用，还可以广泛为社会服务"。②

（二）精英影响力

在学术报刊上发表学术论文、文章、出版著作、发表研究报告或召开研讨会等形式，将自己的研究成果展现给同行及其他社会精英。这些作为智库思想活动的重要组成部分，也被学者们认为是智库发挥其影响力的重要内容。影响政策决策固然是智库影响力的首要指向，但在这一指向无法直接实现的情况下，显然也可以考虑通过一些间接

① 〔美〕理查德·哈斯著，万雪芬、何耀武译：《思想库与美国的外交政策：一个决策者的观点》，《国际论坛》2003 年第 11 期。

② 孙春玲：《德国的智狼团》，《国际资料信息》2000 年第 12 期。

的方式来进行。例如，智库如果能够说服其他社会精英赞同并支持自己的政策思想，同时能够联合其他智库和研究机构一起倡导自己的学术主张或政策建议，那么，其思想相对就更容易成为中心阶层的主流思想，从而更容易影响国家的政策决策。因此，发挥精英影响力也成为各国智库影响力建设的一项基本内容。

在发挥精英影响力的方法上，智库往往不拘一格，视需要而采取不同的形式，研究中展现了很多，例如召开学术性研讨会、发表论文、出版著作、互派访问学者等。有时，智库就某些特定的公共政策问题，还会根据需要吸收不同知识背景和意识形态的专家，开辟"第二管道"，邀请国内外同行对特定问题进行交流。美国学者多尔尼（Dolny）近年来运用 Lexis-Nexis 数据库关于主要报纸和广播电视等媒体对各智库研究成果的引用情况，对美国主要智库的影响力所进行的综合分析，就属于对智库精英影响力的揭示。

（三）大众影响力

在民主已经成为时代发展之不可逆转潮流的现代社会，任何政策决策的实施都需要建立在一定的民众基础之上，脱离了民众的理解与支持，任何政策决策都不可能长久运行下去。而政策决策的民众基础显然离不开民众对政策决策过程的了解、支持与参与。就此而言，学者们认为，普通大众也是政府政策决策过程中不容忽视的一股重要力量。智库作为以影响政府政策决策为目标和存在价值的智力生产者，要想真正发挥其影响力，显然也需要关注、重视并逐步强化其在普通民众中的影响力。不过，由于普通大众距离政府政策决策相对较远，因此，相比于精英与决策者本身而言，民众对政策决策的影响被认为是最外延的。智库通过普通民众而对政策决策施加的影响也是最间接的。

就智库边缘影响力的发挥来看，研究表明，智库没有长期固定的渠道可以向公众灌输思想并影响其意识，所以必须借助大众媒体的宣传平台。为此，智库经常通过在大众媒体（如电视、报纸或网络）上公开发表自己的观点来影响普通大众关于某个政策的看法。智库内的专家和研究人员也都比较愿意接受公众媒体的采访，并经常会就一些社会热点问题或国际问题主动发表一些时评和短论，表达自己对这些问题的看法。通常，智库的公众知名度越高，媒体在编写报道时就越倾向于引用其观点，而公众也越容易相信并接受这些政策主张，其边缘影响力也就越强。正因为如此，尽管智库的主要功能是提供专业知识，但由于其在公共舆论引导方面所具有的独特作用，智库通过影响公众而影响政策决策的作用一直受到关注，因为“一旦高层决策者对此感兴趣，智库的文章、报告就会出现在他的办公桌，甚至请研究者走进他的办公室”。①

有学者研究了东亚智库网络（NEAT）的例子。NEAT 对公众的影响力就主要是通过现代媒体和面向公众的社会活动对自身的知识以及思想进行广泛的宣传来实现的。NEAT 从一开始就建立了东亚智库网络的网站，向东南亚乃至全世界的公众传播东亚知识。NEAT 中的一些成员也乐于接受媒体的采访。例如，NEAT 中期协调员吴建民曾多次向媒体阐述 NEAT 的作用和思想。NEAT 在举行社会活动方面也卓有成效。如 NEAT 举办的“东亚大学校长论坛”“东亚媒体论坛”以及“东亚文化周”等活动在展现和推广东亚地区所共有的优良传统和价值观、从而在促进各国政府和人民对东亚所共有的地区特性的认识等方面都取得了进展。②

立足于西方社会结构理论而对智库影响力所进行的分析表明，尽管智库影响力的最终目标是决策者及其政策决策，但制约智库影响力的因素却并非只有决策者一个方面，而是包含多个方面。简言之，智库影响力不只是决策影响力，也包括精英影响力与大众影响力。智库影响力的发挥取决于智库自身对决策者的直接影响，也受其他政策过程参与者的影响和制约。智库要发挥其自身的影响力，不仅需要关注

① 刘长敏：《美国社会的高级智囊——兰德公司》，《政府法制》1998 年第 9 期。

② 参见朱旭峰：《国际思想库网络：基于“二规国际机制”模型的理论建构与实证研究》，《世界政治与经济》2007 年第 5 期。

政策决策者的动态与需求，也需要关注其他政策决策参与者的动态与需求。①

三、影响智库影响力的因素分析

（一）研究形式和研究范围的影响

随着智库团体数量的迅猛增加，他们在影响政策制定方面的努力也在加强。不过同时，智库数量的激增也使得达成这种影响力变得更加艰难。于是一个问题出现了，在公共政策机构名目繁多的环境中，一些智库的共同利益是如何成功地影响了政策的制定过程，而另外一些却失败了。学者猜想这可能与智库研究的形式和研究的范围密切相关。

在政策制定者开始讨论一个重大政策之前，智库和专家们就可能已经对其进行了数年的研究，即使该项新政策已经得以实施，他们的研究也并没有结束。从一个重大政策问题引起政策制定者的关注开始，到最终得以立法实施或是被摒弃而告终的这一阶段，也许是智库参与政策周期中最为活跃的阶段。分析表明，从为政策制定者提供专业知识的理解展开，可分为四种形式、两种方向，如表 7—1 所示。研究者们采用的形式因目的和范围的不同而不同。如果研究的目的是为了在确定大政方针的后期提供信息，这时政策制定者的利益已经确立并正在以立法的形式写入法律，就被称为预备研究。在这种形式中，研究是为了向政策制定者提供解说社会、政治或者经济问题的见解，可称这些为问题与可选策略研究。这项工作概括了政策问题的许多方面，并向政策制定者提供了一个可以选择的范围。另外一种形式是具体的政策提议，这一研究并不讨论可以选择的范围，而是明确地支持某个

① 参见金芳、孙震海、国锋等著：《西方学者论智库》，上海社会科学院出版社 2010 年版，第 98—102 页。

具体的行动方针的变化。预备研究可以帮助牢牢地吸引政策制定者的关注直至他们采取行动，并为这一行动提供指导意见。

表 7—1　政策制定中智库参与的形式

研究目的	研究范围	
	一般	具体
预备	问题与可选策略	提议
提醒	评论	评估

研究也可以是提醒式的。提醒政策制定者支持或者反对现存的法律法规，甚至修改其内容。一般来说，这种研究是以评论的形式来探讨已在考虑之中的某一具体的改革提案的可行性。更具体地说，这种研究还可对法律法规的经济利益或者执行优点及其缺点进行具体评估。评论研究对政策制定者总是有帮助的，因为它清楚地阐述了正在热烈讨论的焦点问题的各种不同观点。具体的评估经常为待解决的法律法规的某些条款提供建议，而这一建议有时会对政策成果产生重大影响。

这种对政策研究的划分概括了智库和政策专家的一般成果。从分析的角度看，它也对辨明具体的研究成果是否具有影响力的潜力有指导作用。总的来说，假如专家们有意地用与其目的直接相关的形式来作研究，他们提高影响力的机会就大。假如他们考虑以下问题的话，这种影响力会更大：这一研究是为了帮助宣传一个新的焦点问题还是要形成一个具体的政策成果？这一研究是为一系列的问题提供一个范例还是对某些具体问题提供适宜的分析？这些问题对研究者来说是最基本的，而他们最终的决定会对政策制定者是否会采用他们的工作成果产生影响。分析还表明，随着政策辩论从提上日程，经过审议到最后贯彻实施，那些能提出更为具体的政策咨询——不管是以提议还是评估的形式——的专家和智库在确保影响力方面会更有优势。

除了形式以外，研究表明还有四个特点和行为会影响专家和智库对政策制定者的影响力：（1）可信度；（2）接触政策制定者的机会；（3）时机的把握；（4）推销的力度。在具体的政策辩论中，当被推销的政策制定者认为它们可信度较高时，它们较易发挥作用。在政策制定者中享有知名度并有机会接近他们的智库占有优势。这种专门知识的提出应该适时，否则就为时已晚。最后，如果专家们能高效地推销他们的工作并使之被那些可能会感兴趣的政策制定者利用，他们的影响力会更大。①

（二）公众知名度的影响

近年来，一些研究智库的专家认为，出版越来越多的报纸杂志、向国会和议会委员会陈述观点，以及被媒体报道次数的增加就是他们在政策制定共同体中重要性上升的证据。也就是说，人们谈论最多的、见诸报纸杂志最多的智库就是最适合、最有能力影响公共政策的智库。于是，成为媒体报道对象已经是现今智库用来向政策制定者和公众传递思想最为常见、最为重要的方法之一。对于专注地倡导某个观点的智库来说，获得广泛的媒体报道至关重要：在没有大批选民支持他们的情况下，这些顾问组织经常依靠其研究工作的知名度来获得影响力。另外，媒体知名度经常被那些潜在的捐赠者看作是衡量一个组织的知名度和判断一个研究机构是否成功的尺度。威佛和里奇曾经分析了1991—1996年六家全国性报纸《华盛顿邮报》《纽约时报》《基督教科学箴言报》《今日美国》《华尔街日报》和《华尔街时报》刊载的有关51家全国性和地区性智库的资料，研究发现，一些智库获得的媒体报道比其他智库多很多，其中的原因很复杂。但是，有两个原因最突出——资金和位置。

第一，资金对于智库获得知名度、传递观点至关重要。分析发现，资金可以转化为媒体知名度，媒体知名度又可以为这些“惹眼”

① 参见〔美〕安德鲁·里奇著，潘羽辉译：《智库、公共政策和专家治策的政治学》，上海社会科学院出版社2010年版，第141—142页。

的组织带来新的资金。除了一些明显的特殊情况之外（比如自称预算为所有美国智库最多的兰德公司、资金充足的城市研究所和胡佛研究所），财务资源充足的研究所往往能够获得最多的媒体关注。媒体知名度方面排名最靠前的多家智库里，没有一家机构的预算低于1000万美元。相比较而言，预算低于100万美元的智库获得的媒体报道很少。

第二，在与媒体发展关系方面，位于华盛顿的智库显然拥有相较于位于其他城市的智库更多的优势。威佛和里奇的研究数据证实，总部位于华盛顿的智库吸引了相当多的媒体关注：与位于华盛顿特区之外的智库相比，华盛顿的智库一直是占绝对优势的执牛耳者。这不仅仅是因为运作规模的大小，还因为位置上的优势，这个优势可以帮助他们打造人际网络，强化与社会科学家、记者以及政策制定者助手之间的关系网络。[①] 简单地说，华盛顿的智库拥有一个特殊的优势，这就是，可以与那些新闻报道覆盖全国政坛的记者建立密切的关系。一旦记者拥有了一些信得过的当地专家朋友，他就没有必要增加名片夹里的联系人。

学者研究表明，印刷媒体报道数量排名居前的那些智库同样也吸引了电视记者的注意。印刷媒体援引数量位居第一的布鲁金斯学会同时受美国四大电视网络（ABC、全国广播公司、CBS和美国有线电视新闻网）的关注情况也是位居所有智库之首。在1991—1997年，布鲁金斯的员工171次出现在晚间新闻里，超过卡内基国际和平基金会（69次）或美国企业研究所（61次）的两倍，超过传统基金会（47次）的三倍。除了兰德公司之外，华盛顿特区之外的智库获得的电视报道很少。

1. 相关性如何

学者研究表明，那些吸引美国相当数量媒体报道的智库在其他渠道的运用方面也很有效。实际上，很多“霸占”着电台访谈时间和报

① 参见 The Good Think Tank Guide. *Economist*. 1992（321）. p. 23.

纸的个人观点专栏的智库也经常向国会委员会陈述观点。就像某些新闻组织的偏见可以解释为什么一些智库比另一些智库更容易被媒体援引，国会委员会在意识形态方面的偏好影响着哪些机构可以向国会陈述观点。威佛和里奇在另一份研究中指出："向国会陈述观点的次数可以看出国会多数党明显的'过滤'效果。"两人指出，"自从1994年共和党控制了国会以来，布鲁金斯学会的员工就成为以后大多数年份里国会听证会上最常见的智库，接下来就是更为保守的美国企业研究所。1995年，随着共和党的立法议员和员工获得了选择谁来担任证人时，传统基金会成为陈述观点最为频繁的智库，稍逊色的是美国企业研究所、自由主义智库卡托研究所和布鲁金斯学会。在这个排名里，自由主义智库被远远地抛在后面。"①

大多数经常向国会做观点陈述的保守型智库被看作是政治过程里最具影响力的智库。在一项为全球咨询机构博雅公司进行的调查中，68%的被调查者认为，与自由主义智库相比，保守主义智库对政策制定的影响力更大；只有5%的被调查者认为最有影响力的智库是自由主义智库。② 42%的被调查者认为传统基金会是最有影响力的智库；28%的被调查者认为布鲁金斯学会是第二有影响力的智库。但是，当根据可信度来排列这些智库时，那些没有鲜明意识取向的智库的排名明显优于自由主义智库和保守主义智库。

对加拿大的相应情况进行研究之后，威佛和里奇还把在美国智库媒体知名度和政策相关性方面的发现与加拿大的情况作了有趣的对比。在规模和资金情况相同的情况下，位于渥太华的智库与位于其他城市的智库相比，并不具有决定性优势。在渥太华运作这个事实可以解释为什么一些智库向国会委员会陈述观点、为联邦政府部门提供顾问服

① Rich Andrew，R Kent Weaver. Advocates and Analysts：Think Tanks and the Politicization of Expertise. in Allan J Cigler，Burdett A Loomis.（eds.）*Interest Groups Politics*. 3d ed. Washington DC：CQ Press. 1998 p. 249.

② 参见 Rich Andrew. Perceptions of Think Tanks in American Politics：A Survey of Congressional Staff and Journalists. *Burson-Marstellar Worldwide Report*. 1997（12）.

务的次数要多于在这个国家首都之外运作的智库。但是，除了几个特殊情况之外，获得媒体关注最多的往往是在其他城市运作的智库。简而言之，与相距政策制定者的空间距离相比，加拿大智库获得的媒体报道的数量更取决于他们的研究领域。

此外，与美国国会的情况不同，智库向议会委员会陈述观点的频率受执政党意识倾向影响并不明显。威佛和里奇发现的在加拿大的“过滤”现象显然不像美国那么明显。最后，虽然获得加拿大媒体报道次数较多的智库与受邀向立法委员会陈述观点的智库之间存在一些重合部分，但是知名度最高的智库不一定是那些政策制定者认为相关性最强的智库。如果可以将向联邦部门了解情况的次数看作是政策相关性的指针，那么一些知名度最低的加拿大智库对政策周期最重要阶段的影响力最强。

虽然智库被报纸和广播电台、电视台援引的次数很难说明它们在促成公共观点方面的影响力或它们评论的质量高低，但是媒体报道的次数却可以为研究哪些机构在积极影响具体政策辩论提供某些依据，同时还可以揭示智库在这个国家的哪些地区获得的注意力最多，以及这些机构的运营时间、规模和财务资源是否影响媒体报道的数量。

在1985—1999年，加拿大咨询局、贺维学会、弗雷泽研究所和现在已解散的加拿大经济咨询委员会加在一起，一共获得了60%的媒体援引次数。仅仅加拿大咨询局一个机构——该机构在公众知名度方面排名第一——就获得了将近所有媒体报道次数的25%。实际上，加拿大咨询局只没有获得加拿大广播公司援引数量的第一，这让它的总体知名度排名排到第19位。一贯以税收改革和预算问题评论闻名的加拿大税务基金会（CTF）在媒体知名度方面排在靠前的第五位，虽然它只在报纸援引次数一个方面获得了第五的排名。前四个智库之后的媒体排名波动性很大。

影响这些排名的因素有哪些？为什么媒体如此倚重这四到五家政策机构？学者们指出，这里面可能有很多原因。这里需要考虑的一个很重要的出发点是，获得最多媒体注意的那些机构是什么时候建立的，因为人们会认为建立时间越早的智库越能够吸引媒体报道。在媒体排名最靠前的几个机构中，成立最早的机构是加拿大税务基金会，该基金会建立于1945年，其后是加拿大咨询局（1954年）、经济咨询委员会（1963年）、贺维学会（1973年）和弗雷泽研究所（1974年）。

虽然智库成立时间较长有助于它在政策制定共同体中建立权威性，但这不是吸引媒体注意的关键因素。这一发现与美国智库研究中的发现相一致。加拿大社会发展学会（1920年成立）、加拿大国际事务研究所（1928年成立）等媒体排名相当低的政策机构要比贺维学会、弗雷泽研究所和加拿大咨询局早成立几十年。

一个机构的预算规模，可以影响它雇用的员工人数和提供的专业研究服务的范围，所以这一指针也许更有说服力。加拿大咨询局这一加拿大最大的政策机构预算规模排名第一，超过3000万美元，接近绝大多数加拿大智库的10倍。其他智库中，只有5个机构——其中的3个由政府创办和资助（经济咨询委员会、科技咨询委员会和加拿大国际和平与安全委员会）的预算超过200万美元。剩下的两个机构，加拿大政策研究公司200万～500万美元预算的70%来自联邦政府，而弗雷泽研究所奖金1200万美元的预算没有要政府一分钱。虽然高媒体知名度和智库资金数量之间存在着密切关系，但也存在一些相反的情况。在知名度方面总体排名位居第三的贺维学会的预算规模在200万～500万美元，与加拿大议会中心、南北研究所、加拿大国际事务研究所等一些知名度较低的机构很接近。

与机构预算规模关系密切的是员工数量。这方面，加拿大咨询局同样位居首位。该机构雇用了200多名员工为它进行经济和社会问题的研究和分析。该机构设计经济预测模型的能力尤其受到政府和其客户名单中的很多大公司的青睐。加拿大咨询局的规模有助于解释为什么该机构吸引了将近两倍于弗雷泽研究所的媒体报道。位居第二的机构是加拿大经济咨询委员会。在解散之前，该委员会拥有118名员工。按照加拿大的标准，弗雷泽研究所也算是大型研究所，该研究所雇用了66名全职和兼职员工。贺维学会紧随其后，员工人数为21。但是还有其他一些机构在规模上相当于或超过贺维学会，这其中有加拿大议会中心（34人）、南北研究所（30人）、公共政策研究所（28人），但是这些机构的知名度要小得多。简而言之，除了几个特殊情况之外，机构规模的大小和员工人数可以解释为什么一些机构被报道次数要多于其他机构。

可以理解的是，资源有限、员工很少的智库不能开展长期研究项目或定期组织能够获得媒体关注的会议和研讨会。另外，也不大可能专门雇用员工推销该机构的研究成果。资金有限的机构，推销研究成果的职责往往是其他部门的员工兼职来做的。预算规模较大的智库则可以委托公共关系领域的专业人士来帮助他们提高机构的形象。传统基金会、布鲁金斯学会、胡佛研究所和美国企业研究所等机构就拥有成熟的公关部门。

与媒体报道次数相关的，也许是更为重要的另一个因素是该机构研究领域的多样性。提供多领域政策研究的智库很可能相比那些只专注于一两个领域的智库获得更多的媒体报道。例如，媒体可能请南北研究所和加拿大战略研究所评论外交政策，但不大可能请它们发表关于税收和宪法这两个可能获得很多媒体报道的主题的评论或文章。智库怎样标新立异地运用它们的专业知识来吸引公众注意可能也是它们成功获得媒体关注的一个原因。例如，弗雷泽研究所发布的年度税收自由日（Tax Freedom Day）每年都要被具有自由市场倾向的机构援引数十次。税收自由日指的是加拿大公民，而不是加拿大海关和税务总署，到这一天的收入足够缴纳今年各级政府的税收，剩下日子里赚的每一分钱都是自己的。

研究机构的宗旨也能解释为什么一些组织获得的媒体报道要多于其他组织、为什么一些机构能获得该国某一地区媒体的大量报道。位于卡尔加里的加拿大西部基金会就是一个例子。该机构的成立宗旨是研究加拿大西部和北部地区的社会和经济特点，评估西部对整个国家在经济和社会方面的贡献。很自然，加拿大西部基金会获得了一些西部报纸的大量报道。

虽然有了这些发现，但在国家首都之外的城市进行运作对于那些寻求媒体知名度的智库来说，不一定是个不利因素。加拿大与美国的情况很不一样，总体知名度排名第二的弗雷泽研究所位于温哥华，距离渥太华数千英里；排名第三的贺维学会位于多伦多的市中心。同时，加拿大议会中心、加拿大卡利登研究所、加拿大另类政策中心、皮尔逊—施亚马研究会、加拿大国际和平与安全研究所等在渥太华运营的智库获得的公众知名度却很有限。因此，决定加拿大智库能够多大程度地获得媒体报道的因素不是该机构的空间位置，而是它们成立时即确立的研发范围和资源的充足程度。

资源的充足程度对智库的媒体知名度影响很大，其他两个无形因素也很重要。简单地说，对吸引媒体关注的投入程度可以解释为什么一些智库获得的报道要多于其他智库。换句话说，一个机构被媒体报道的数量可能受当时政治气候的影响。

很多其他因素也可以影响政策机构的媒体排名。媒体的偏见就必须注意（不管是地区方面的偏见，还是意识形态方面的偏见，或兼而有之），解读公众知名度数据方面，这也是一个需要考虑的因素。

2. 评估政策相关性

政策制定过程由好几个阶段，或者说周期构成，其中包括议程设定、政策制定和政策执行。[①] 国外学者主要讨论智库在政策制定的两个阶段的参与情况——向政府部门了解情况、向国会或议会陈述观点。虽然很难比较政策制定过程的各个阶段哪一个更为重要，但智库可以通过好几个途径参与政策制定。比如，它们可以向政策制定者或政府官员分发它们针对某个问题的研究报告，用研究成果来说服这些政策制定者或政府官员，或者它们可以邀请议会或国会成员和政府官员参加它们主持的会议或研讨会，或者与官员进行秘密会谈。根据它们从事的研究领域和专业知识的层次，它们可以受邀向政府部门了解情况，

---

① 参见 John W Kingdon. *Agendas*，*Alternatives*，*and Public Policies*. Pearson. 2010.

也可以向议会或国会委员会陈述观点。有时候，联邦政府还可以邀请智库帮助它们组织有关某个政策问题的公开听证会。智库参与这些政策制定阶段的数据虽然很难说明它们的建言质量，却可以从侧面反映出它们运用这些途径传递思想的积极性。

这里举研究中的一个实例。1994 年下半年，作为持续评估联邦政府政策能力工作的一部分，加拿大调查了外部政策研究共同体的状况，为此，组建了一个由几位副部长助理组成的综合小组，专门负责设计关于怎样加强政策制定和实施的建议方案。发表于 1997 年 7 月的研究报告针对怎样提高政府政策能力，包括提升联邦部门和政策机构之间的关系，提出了一些建议方案。后来，政府部门列出它们当初征询意见和指导建议时联系的政策研究机构。这些官员从几十个专注于影响公共政策的非政府组织中甄别出政策研究机构的标准是什么。换句话说，这些高级政府官员可能不把向他们提供咨询服务的机构看作是政策研究组织，因此，那些政府部门提供的清单可能不完全准确。另外，调查者没有要求被调查的官员详述与这些机构进行交流情况的频率或这些交流发生的期间。但是，根据这些数据——虽然这些数据只是初始数据，还存在一些缺陷——可以来做一个简单的排名。和很多其他方面的排名一样，向加拿大咨询局征询建议的政府部门的数量最多（9个），这明确地体现了该机构广泛的研究领域。根据这项调查，加拿大政策研究公司至少为 6 个政府部门提供顾问服务，比加拿大社会发展学会多一个政府部门。剩下的机构中，卡利登社会政策研究所和贺维学会被列在 3 个部门的顾问名单上，比如加拿大战略研究所、公共政策研究所、公共政策论坛和弗雷泽研究所多一个部门。

向特定政策研究机构征询建议的政府部门的数量取决于几个因素。第一个因素也是最重要的因素，智库的研究领域将决定政府部门向哪个机构征询意见。加拿大联邦房贷与住房部不大可能向专注于研究国防和外交政策问题的加拿大战略研究所征询意见。这里需要考虑的因素是政府部门对各机构专业分析质量的认知。这一点反过来又受很多其他因素的影响，包括智库与高级政府官员建立的私人联系和专业方面的接触。换句话说，如果智库的董事或员工先前曾在政府部门供职，那么和那些对政府部门知之甚少或没有在政府部门供职经验的智库相比，他们就更便于和政府行政部门的员工建立密切的关系。

通过追踪智库向议会委员会陈述观点的次数，可以获得关于政策研究机构相关性的更为可靠的数据。向准备执行或修改法律的议会委员会陈述观点可以为智库提供一个直接向政策制定者传递其建议方案的重要机会。邀请智库成员陈述观点可以看出政策制定者对他们的建议的信任。

向议会委员会陈述观点的个人不是收到了议会委员会的正式邀请，就是他们主动要求对方给予一个陈述他们观点的机会。该邀请谁去陈述观点由议会委员会成员决定，在做这种决定时，议会委员会往往要和其他议会成员和政府官员协商。在 1980—1999 年，没有一个政策研究机构向议会委员会陈述观点的次数超过加拿大经济咨询委员会。该委员会在上述期间一共向议会进行了 117 次观点陈述，比排名第二的加拿大社会发展学会的两倍还多（57 次）。接下来的是加拿大咨询局（44 次）、弗雷泽研究所（43 次）、南北研究所（42 次）、加拿大科技咨询委员会（40 次）、贺维学会和公共政策研究所（两个机构都是 38 次）、加拿大福利咨询委员会（37 次）。还有其他 8 个机构陈述观点的次数是 10 次左右。与政府部门交流情况的次数不同，向议会陈述观点的次数反映出，相当数量的政策研究机构参与了政策制定的这个阶段。

影响智库向议会委员会陈述观点的频率的因素是什么？还是智库专业研究的性质，此外还有这些智库投入足够时间和资源准备观点陈述的意愿度和能力，同时距离渥太华近也是一个有利因素。议会委员会的意识导向和他们愿意邀请志同道合的智库去做观点陈述也是一个考虑因素。如前所述，在美国，自从共和党控制了国会两院之后，保守型智库向国会陈述观点的次数明显增加。作为掌握“过滤”权力的人（Gatekeeper），他们明显倾向于让保守主义的传统基金会、加拿大企业研究所和奉行自由主义的卡托研究所参加国会听证会。但是，在加拿大，执政党和受邀智库的意识形态倾向之间没有任何关系。

既然政党和智库的意识形态取向不能决定为什么一些智库受邀陈述观点的次数要多于其他智库，那么，应考虑能够作为智库观点陈述对象的委员会有多少。对于加拿大国际事务研究所、麦肯锡研究所等研究范围很窄的智库来说，能够作为他们观点陈述对象的委员会很有限。虽然即使能够作为陈述对象的委员会很少，但是他们可以与那些向很多委员会陈述观点的智库更加频繁而密集地与有限的委员会分享他们的专业成果。虽然通过研究智库向委员会，尤其是向那些很有影响力的委员会，陈述观点的情况，我们可以了解很多情况，但不能假定所有智库都同样重视通过这种渠道接近政策制定者：一些机构很重视向议会成员介绍自己的观点，但是另外一些机构会忌讳用这种办法。例如，因为顾虑被看作是政策倡导型的智库，高知名度的加拿大税务基金会坚决不去定期向议会委员会做观点陈述。

3. 解读计算结果：比较公众知名度与政策相关性

为了比较智库的公众知名度与政策相关性之间的关系，研究者利用斯皮尔曼的等级相关系数来检验这几对变量的相关性：媒体排名和向议会进行陈述观点的次数、媒体排名和与政府部门交流情况的次数、与政府交流情况的次数与向议会陈述观点的次数。从检验结果来看，虽然媒体知名度和向议会陈述观点次数之间存在密切关系，但是媒体知名度与和政府交流情况次数之间、向议会陈述观点的次数与应邀和政府部门交流情况的次数之间并没有关联性。

表 7—2　斯皮尔曼等级相关系数计算结果

变量对	相关系数	P
媒体援引次数 VS 向议会陈述观点的次数	0.664	＜0.001
媒体应用次数 VS 与政府部门交流情况的次数	0.207	＜0.356
向议会陈述观点次数 VS 与政府部门交流情况的次数	0.169	＜0.451

这些检验结果能反映出有关智库影响的什么性质呢？也许最重要的是，这些结果告诉我们：不应认为知名度最高的智库肯定就是政策制定过程中最具影响力和最可信赖的政策研究机构。这说明，智库的相关性或影响力在政策周期的不同阶段也各不相同。虽然卡托研究所、

弗雷泽研究所和加拿大战略研究所等智库在促成国家议程或增加"政治议题的广度",① 但是到了政策制定更为正式的阶段却很少建言,另一方面,兰德公司、卡利登社会政策研究所、加拿大社会发展学会等媒体形象较为一般的智库在政策制定过程中更为正式的阶段中却发挥了更为积极的作用。

智库被媒体援引或向议会提供观点陈述的频率根本不足以肯定哪一个智库最有影响力或最没有影响力。实际上,这些数据很少能反映出智库的影响力。虽然如此,收集这些指针和其他指针有助于揭示参与政策周期的智库在政策制定的哪个(些)步骤最为积极。如果某些智库在向媒体传递其观点方面投入的时间和精力很少的话,那么我们就可以比较有信心地认为,这些智库对公众的影响力有限。毕竟,如果它们的推广力度不够,公众不知道它们的观点,它们怎么能影响公众的看法?同样,如果智库不直接向政策制定者传递它们的思想,它们怎么能说自己对政策有影响力?但是,通过跟踪哪些智库最依赖媒体推广它们的观点,哪些智库依靠其他渠道推销它们的思想,就能更加深入地了解它们在政策制定过程中不同阶段的参与情况。②

四、智库发挥影响力的途径分析

通过对智库结构的层次分析,不难发现,作为以影响政策决策为基本目标的智库,其影响力能否发挥以及将会如何发挥,取决于多种因素的制约。而这必然使智库在发挥其自身影响力的途径上具有多元化的特点。从梳理西方学者有关智库影响力方面的研究成果看,有关智库影响力发挥的途径主要包括以下几个方面:(1)引导公众舆论;(2)参与公共政策制定;(3)参与国家立法的制定与实施;(4)利用

① 参见 Leslie Pal. *Public Policy Analysis*: *An Introduction*. Toronto: Methuen Press. 1987, pp. 92—94.

② 参见 Donald E Abelson. *Do Think Tanks Matter? Assessing the Impact of Public Policy Institutes*. McGill-Queen's University Press. 2009. pp. 49—74.

国际政策网络。

（一）引导公众舆论

任何政策决策的制定都离不开一定的民众基础，民众作为政策决策最终的受众，直接影响着政策的最终实施及其效果。以此为基点，学者认为，智库影响力的发挥途径之一必然是影响尤其是引导公众舆论，以便使自身的研究成果顺应公众的利益需求，进而间接影响政策决策者的决策。在此背景下，智库早已超越了“进步时代”决策职业化和科学化的基础要求，承载了生产决策知识以外的舆论引导的重要功能。为此，智库工作的重点，除了拿出研究成果外，还要注重思想的包装与销售，以便通过引导舆论和社会思潮达到最终影响决策的目的。正如有学者所指出的：“智库的影响不仅取决于它所兜售的内容，而且包括时机选择和市场营销，诸如布鲁金斯学会这类组织，他们所面临的挑战是在不失掉核心价值的前提下，如何适应公众话题的环境变化。”①

由于智库自身不属于决策机构，不具有政府属性，而且又具有相当数量的高学历人才，具有相对的独立性，因而相对于政府而言，它们能够更容易获得公众的信任和认可，其在对公众舆论的引导方面发挥着较政府自身更有效的作用。在引导公众舆论的方式上，智库的做法相对比较灵活，如发布皮书、发布研究报告、发表时事评论或者参与各类政府性的或民间的论坛、通过网络进行思想与政策宣传等。

学者们对于不同国家智库影响舆论的方式进行了比较分析，例如在德国，智库为影响公共舆论而采取的途径通常“首先是出版物，其次是电视，偶尔也选择教堂，并越来越多地利用互联网。许多同类的智库愿意聘用那些不仅在自身领域内有较高声望，同时掌握超常的口头和文字交流技巧的学者”。② 而在日本，相关的智库也特别重视影响

---

① Bruce K MacLaury. A License to Speak. *The Brookings Review*. 1995（13）.

② 〔德〕蒂纳特：《德国的思想库》，《国外社会科学》2005 年第 1 期。

公共舆论的途径，例如日本最大的四家外交智库就是很好的例证。为了更好地影响和引导社会舆论，近年来，它们越来越热衷于将自己的政策报告公之于世，不仅有文字版，还有网络版。① 在美国，很多智库也都纷纷采取多种形式来影响社会舆论，如兰德公司平均每年发表350～450份研究报告以及大量的论文和专著，以向公众及时传播自己的政策主张。通过思想传播，美国的智库不仅与学术界、新闻界、实业界、广大民众以及官方发生密切联系，使更多的人了解智库的目标和思想精髓所在，而且通过引导舆论和社会思潮达到最终影响政府决策的目的，并借此扩大了其自身的社会影响与声誉。

当然，为了使自己的思想更符合公众的胃口，智库需要努力关注和研究公众所关心的热点问题，了解他们的利益诉求，这样才能够在发挥其大众影响力，引导公众舆论时做到因势利导，游刃有余。正因为如此，西方很多国家都极为重视智库的舆论引导功能，常常把政策解释的重点放在智库身上。一旦政府的政策意图得到智库的认同，良好的舆论环境便迅速形成，决策起来就容易得多了。例如，美国政府对伊动武前夕，小布什在美国企业研究所（AEI）的年度午餐会上发表中东和平前景的讲话，内容无非是萨达姆暴政、大规模杀伤性武器，以及美国“替天行道”等老调重弹。但显然，小布什更看重的是在动武前选择AEI的舆论效应。AEI向来以保守主义政治态度著称，是美国保守主义思想的大本营之一。

小布什的强硬对外政策与AEI保守主义的政策主张，在此特定时间和特定场合形成了若干相互刺激的环境因素，使带有爆破力的意见迅速传播。②

（二）参与公共政策的制定

影响政策决策是智库影响力的基本目标，正如《新共和》国际版

---

① 参见吴寄南：《浅谈智库在日本外交决策中的作用》，《日本学刊》2008年第3期。

② 参见纪忠慧：《美国思想库的舆论扩散》，《国际关系学院学报》2008年第2期。

主编约瑟华·科伦兹克所说的“我们可以失去数百万的收入，但是有一点我们决不放弃，那就是影响政策”。[①] 尽管“要证实和准确地测量智库对政治议程所起的作用几乎是不可能的，因为很少出现这种情况，即政治家所持的立场可以明确地归因于专家个人或特定研究所的影响”，[②] 但智库在政策决策影响方面的作用却是得到公认的。为此，各国智库无不以影响政策决策作为自身的目标。而要影响政策决策，最为直接且有效的方式显然是直接参与政策决策的过程，参与公共政策的制定。为此，自其诞生的那一刻起，智库就以参与政策决策作为其最主要的活动目标，而影响公共政策也就因此而成了智库存在的基本目的。在这一点上，西方智库研究者们有着一致的认识。例如，埃布尔森就认为，智库作为非营利、非党派（并不意味着非意识形态）的研究机构，其首要目的就是要影响公众舆论和公共政策。[③] 而美国智库研究专家杰姆也认为：“智库最低限度可以对正在发生的变革起到‘确认’作用，最高限度可以帮助归纳出公众实际争论的问题的范围，可以促进各届行政当局之间的延续性，并沟通政府和立法部门。”[④] 德国智库研究专家 M. 蒂纳特也指出，“他们（即智库——笔者注）必须明白这样一个事实，即他们所从事的研究不是纯粹的学术研究，而是形成政治决策的基础”。[⑤] 智库参与政策决策通常可以使政策决策更具有民意代表性，更具有说服力，而这对各国政府政策的发展无疑是至关重要的，有利于其自身形象的提升，也为智库发挥影响力营造了良好的氛围。[⑥]

为了能够参与政策决策，西方智库通常会与政界保持高度密切的

---

① 转引自纪忠慧：《美国思想库的舆论扩散》，《国际关系学院学报》2008 年第 2 期。

② 〔德〕蒂纳特：《德国的思想库》，《国外社会科学》2005 年第 1 期。

③ 参见 Donald E Abelson. Think Tanks and U. S. Foreign Policy: An Historical Perspective. in U. S. Foreign Policy Genda. an Electronic Journal of the U. S. Department of State. 2002，7 (3).

④ 〔美〕P. 利登：《美国思想库指南》，《国外社会科学》1987 年第 10 期。

⑤ 〔德〕蒂纳特：《德国的思想库》，《国外社会科学》2005 年第 1 期。

⑥ 参见 Sherrington Philippa. Shaping the Policy Agenda: Think Tank Activity in the European Union. *Global Society*. 2000，14 (12).

联系，甚至形成某种默契的合作。正如英国公共政策研究所的克莱尔·瑞克森所说的："你可以看见在我们工作过的每一个研究领域，我们都与政府保持密切的联系……我们确保同政府官员有着紧密的联系，而且是很好的关系。"① 以美国为例。美国智库不论大小，皆以进行政策设计、提供政策方案为己任。大多数智库会在总统就任前后公布其政策思想方案，以对新政府的政策施加影响。大型智库由于经费充裕，资源丰富，能够对范围广泛的内政外交、政治经济问题提出自己的政策主张，对决策者的影响力也比较大；而小型智库则由于资金有限，资源不足，往往只能专注于公共政策的某一领域或者某一特定方面。在大多数情况下，智库都会选择在总统就任前后以公开出版物的形式公布研究成果，以求引起新政府的注意并对政府决策施加影响。作为美国重要智库之一的传统基金会在1980年推出的《领导人的职责》就对里根政府时期产生了广泛的影响，政府官员曾经人手一册；另一智库——大西洋理事会——在20世纪80年代初发表的《今后十年的对华政策》报告，则成为政府官员和专家学者中"主流派"的意见。而进步政策研究所在20世纪90年代初期提出的《变革方案》，则被克林顿政府奉为圭臬。美国智库对美国政府决策所具有的影响由此可见一斑！美国智库与政府之间有着极为密切的联系。卸任的政府官员到智库从事政策研究，新上任的总统从智库挑人才充任政府高级官员，这在历届政府中已成惯例。一些神通广大的人士还可能交叉任职。人们通常认为，人员交流互换是智库影响决策的有效途径，长远来看，这种机制使得美国智库的影响力直接渗入到美国政治决策的核心，成为决策过程必不可少的一部分。其实，学者们指出，这种影响也是双向的。政府高级官员不仅把权威信息带进智库，同时也带来了政府的观念和意见。如美国国务院的"外交官培训项目"，让现任外交官与智库成员一起搞研究、做课题、发表演讲。目前，在传统基金会、企业研

① 转引自张新霞：《英国思想库在公共政策形成过程中的作用》，《石家庄学院学报》2009年第1期。

究所、胡佛研究所、外交关系委员会、兰德公司、卡内基国际和平基金会都有该项目。国防部、中情局也有类似项目，如大西洋理事会每年都有来自美国陆海空的中高级军官参加为期一年的学习研究项目。兰德公司董事会成员中，联邦政府、学术界和企业界的人员各占 1/3，高级研究人员中，来自白宫、国务院、国防部和中央情报局的大有人在。在兰德人的眼中，这种合作关系“体现了美国官方、军方和民间学者之间的相互补充”。显然，“互补”不仅是人员和智力的支持，更是信息、思想和观念的共享。由此可见，关于美国政策的各种辩论和意见竞争，始终在一个相似或渐进的框架内进行，这样不仅避免了大规模的舆论震荡或舆论冲突，且很好地达到了参与公共政策制定的目的。

（三）参与国家的法治建设

参与国家的法治建设，对国家立法的制定与实施以及司法的运作施以一定影响，也是智库影响力发挥的一条途径。智库的目标在于影响政策决策者的决策，而在法治已经成为国际社会主旋律的同时也是各国国内社会主旋律的宏观背景下，法律在政策决策中的作用越来越被强化，甚至在一定程度上，法律已经成为政府从事政策决策及实施政策决策的基本手段。法律作用的日渐提升使得各国智库越来越重视自身对国家立法制定与实施的参与，甚至已成为智库谋求影响政策决策的一条基本手段。正如有学者所指出的：“智库一般是长期反复地倡导某种思想主张，以期到一定时候瓜熟蒂落，成为政策或获得立法。”① 由此可见，对国家法治建设的参与是智库发挥其影响力的一个重要表现，也是智库影响力发挥的一条基本途径。

在西方，根据相关学者的研究，智库参与国家的法治建设通常借助于以下途径进行：（1）加强与联邦国会/议会或各个地方性立法机关

---

① 侯经川、赵蓉英：《国外思想库的产生发展及其对政府决策的支持》，《图书情报知识》2003 年第 5 期。

的联系，为相关立法机构出台或修改相关法律提供立法建议案或起草法律草案；（2）以自身的专业技术知识为依托，通过参与各类立法听证或参加各类法律草案建议稿的修改工作，为相关立法的制定提供专业咨询；（3）以陪审员的身份参加各类案件的审理，直接对法律的实施产生影响；（4）以专家的身份对相关案件的审理提供专家意见或建议，影响各级法院的司法活动，具有法学背景的智库在这方面发挥了非常大的作用；（5）以决策咨询专家的身份参与各类执法调研活动，为法律的实施提供专业技术参考意见或建议……例如，英国政府在法律制定过程中就以听证制度、政策咨询会等形式，将包括智库等在内的各类社会团体的意见纳入了立法制定的全过程；而日本政府行政长官在政府重大法令出台前则都要听取审议会专家的意见，经专家学者审议并提出方案后，再由政府部门提出有针对性的执法措施。通过以上活动，西方智库不仅与其立法机构建立了良好的合作关系，以此影响了相关部门的立法决策与法治实践，并进而影响了各国政府的公共政策决策，且很好地粉饰了西方各国法治的民主形象，为这些国家或政府法律的顺利实施以及相应法律所推动的公共决策的执行作出了重要贡献。正如美国学者杜鲁门所认为的，智库参与国际法治建设所形成的公共领域具有积极的多元主义的价值，他们使各种不同的集团具有多个途径进入政府决策系统，最终产生一种稳定的、民主的决策机制。① 而智库自身的影响力也借助这些活动得到了很好的显现与发挥。

（四）利用国际政策网络

国际政策网络是由一系列拥有共同利益，并通过资源交换实现利益的行为体构成。从政治学上来说，政策网络通常包括来自各国的政治家、官僚、利益集团及其成员、政府内的专家、大学及政策研究机构的专家以及非政府组织成员。政策网络通过相互作用，对所面临的

① 参见〔美〕戴维·杜鲁门著，陈尧译：《政治过程——政治利益与公共舆论》，天津人民出版社2005年版，第545—559页。

问题达成共识，并提出可能的解决之道。智库及智库网络存在的价值在于影响政策的制定。智库通过电子邮件、会议及讨论来建立起与国家公务员、基金会、官僚机构、政治家之间的联系，以影响政策制定。当智库与政策网络的主流价值一致时，他们就能取得“内部人”的地位。在国际领域，智库作为“从事于力图影响公共政策的多学科研究的独立组织”，[①] 通常在政策宣传、提供研究者及解决问题、提供方案的专家方面作出自己的贡献。在国际层次上，由于缺乏绝对权威，智库以其学术声誉作为倚赖，更易得到决策者的信任，他们通常可以获得议程设定权，在决策过程中充当输入项。智库在提供政治支持、新思想等方面发挥领导作用。智库网络帮助巩固忠诚、稳固信任及互惠，这些导致国际合作政策制定。例如，东南亚战略与国际事务研究网络就是很有影响的区域性及政策网络的鲜明例证。此网络与决策者的关系非常密切，组成了一个紧密的政策联盟，不仅在 20 世纪 70 年代末期推动了区域经济合作，还在 80 年代推动了安全合作。同时，智库为政策网络提供组织及技术性服务。为国际组织雇员提供培训，受委托召开会议，举办智库新闻通信，编辑数据库以及建立网络等方式，为政策网络中正式和非正式的行为者建立交流渠道，以便利信息在跨国政策精英及其他行为体之间的流动。[②] 通过参与国际政策网络，智库获得了影响力。换句话说，智库的收益在于通过提供知识、专业技能、政策思想，获得资金、扩张组织和增加了国际政治知名度，并为其成员谋得好处。值得注意的是，西方国家的智库及主导的智库网络运用超强的资源（资金、专业化能力、与跨国政策网的关系），跻身于跨国规则制定精英的行列，可以被认为是一种“软权力”。[③] 许多西方国家的智库在政策制定过程中传播和增强自由市场经济的霸主地位和自由、

---

① Simon James. The Idea Brokers：The Impact of Think Tanks On British Government. *Public Administration*. 1993，71（4）. pp. 491－506.

② 参见邱伟、吕其昌：《试论全球化进程中的思想库》，《国际论坛》2004 年第 1 期。

③ 参见 Diane Stone. “Think Tanks Across Nations：The New Net Works of Knowledge.” *NIRA Review*，Winter 2000.

民主政治，扩大了自身在国际经济政治决策方面的影响力，并将来自很多发展中国家的声音成功地排除在外。①

五、全球智库影响力评价和排名研究

虽然在智库影响力评价上存在种种困难，但一些学者还是在智库影响力评测方面进行了一些尝试，其中最为著名的要数詹姆斯·迈甘主持的宾夕法尼亚大学智库研究项目（TTCSP）。2006 年他首次对全球领先智库进行了排名。其调查报告的第一、第二版（修订版）曾经以“智库索引”为标题发表于美国《外交政策》杂志 2009 年 1—2 月刊号上。此报告相当于对全球智库概况的一次普查，作者对其统计出的全球近 5500 个智库，借助一定的评价标准和协商过程，从中评级出 407 个主要的智库，并且按地区和研究领域细分出相应的领先智库，还对智库的发展动态进行概要评述。

迈甘的报告确定了一套评价体系。依据这套评价体系，通过研究智库的学者、智库的行政管理人员、公共捐赠者和私人捐赠者、决策者的协商和依据此体系进行的提名（至少满足两个评价标准，并且不能自我提名），以及 70 位智库学者、24 位地区和全球智库网络的主管、世界各地智库的 400 位行政官、20 个基金会、注资给智库的非政府组织行政官员、4 个有智库课题研究的政府间组织对提名情况的评估以及 150 个代表的最终投票，筛选出了全球 407 个被提名的领先智库。②

从 2006 年起，迈甘团队不断对排名程序进行完善，排名的数量和范围稳步增加，排名程序依赖于对公共政策研究、分析和参与组织的共同理解，依赖于一组详细的选拔标准，以及越来越公开透明的提名

---

① 参见金芳、孙震海、国锋：《西方学者论智库》，上海社会科学院出版社 2010 年版，第 95—108 页。

② 参见李安方、王晓娟、张屹峰：《中国智库竞争力建设方略》，上海社会科学院出版社 2010 年版，第 65—66 页。

和选拔程序。作为提名程序的一部分，2013年，迈甘联系了TTCSP数据库中全部6826个智库，以及超过9000名记者、决策者、公共和私人捐赠者、智库以及功能和区域领域专家，鼓励他们参与进来。

为确认和改进排名列表，TTCSP的专家小组包含了来自不同背景的几百名成员。另外，网站和社交媒体这些新媒体帮助迈甘与更多的读者进行沟通，并传播当年的排名标准。考虑到提名和选拔程序的广泛和严格性，目前迈甘团队所提供的排名被业内人士称为全球思想市场指南。

（一）全球智库影响力的提名和排名标准

迈甘团队和评判专家在衡量智库的提名和排名过程中均按照以下标准：

- 智库领导层的素质和投入：管理智库任务和项目、调动人员和资金完成任务的效率；对智库质量、独立性和影响的监管。
- 智库研究员的素质和知名度：智库管理大量高素质、经验丰富和多产的学者与分析员的能力，且都是业内认可的专家。
- 研究和分析产品的质量和声望：智库出产高品质、严格的、政策型的研究报告的能力，能直接上达决策层、媒体和公众。
- 招聘和留住精英学者和分析员的能力。
- 学术贡献和声望：研究要结合学术性，智库学者和分析员有正式认证资质，学术出版物的数量和类型——书籍、期刊和会议报告，专业或学术会议进行陈述的数量，学术出版物引用的智库学者的研究的数量和类型。
- 出版物的质量、数量和获取途径。
- 智库研究和项目对决策层及其他政策参与方的影响。
- 在决策层的声望：某些问题项目的官方认知度、政策简报和白皮书出产的数量、立法证词的发表。
- 切实履行进行独立研究和分析的承诺：智库、研究团队、个人研究员公布和管理的出品有理有据研究和分析产品所需要遵守的标准和政策；公开利益冲突；承诺遵守非伙伴关系及社会学研究的既定专业标准。

- 与关键机构沟通的渠道：与重要读者或个人（如政府官员、民间社会、传统或新媒体以及学术界）沟通的渠道。
- 号召关键政策参与方的能力，以及与其他智库和政策参与方发展高效网络和伙伴关系的能力。
- 智库总贡献量：政策建议、网站访问量、简报、出版物、访谈、会议、在政府任职官员出任研究员数量。
- 研究、政策建议和其他产品的使用情况：决策层或政策圈对智库的政策简报、报告、政策建议和其他产品的有效传播和使用，担任决策层顾问的雇员数量，雇员获奖情况。
- 智库信息对公众参与、宣传工作、立法或政策准备、学术报告或演讲准备、进行研究或教学的有用性。
- 利用电子、印刷或新媒体进行研究沟通并向关键读者传播产出的能力。
- 媒体声望：在媒体露面、参加访谈和评论的数量。
- 利用互联网，包括社交媒体的能力，能融入决策层、记者和公众。
- 网站和数字投放：质量、可访性、智库网站的高效维护、数字化交通和参与的水平与质量。
- 资金的水平、种类和稳定性：调动所需财政资源支持智库的能力（包括捐款、会员费、年度捐款、政府和私人合同、自主收益等）。
- 有效的管理、资金及人力资源的调配：有效管理资金、人力的能力，以便能够出品高质量的产出，使影响力最大化。
- 能够有效管理对智库提供财政支持的政府、个人、企业和基金会的馈赠、拨款和合同。
- 智库创造新知识、新的政策建议或政策新思路的能力。
- 发挥学术界与决策圈之间桥梁的能力。
- 发挥决策层与公众之间桥梁的能力。

• 在决策过程中引进新思路的能力。

• 能够成功挑战决策者的传统思维，并提出创新的政策思路和项目。

• 社会影响力：智库在某领域的成就能否直接转化为社会价值，例如国民生活质量的重大改变（包括公民能享受到的商品和服务、身体和医疗状况、环境质量、政治权益质量等）。

（二）智库影响力评估框架

评估智库的影响力并不容易，因为在决策过程中存在各种变量和冲突、事件和政治因素。尽管在政策和知识之间建立一个因果关系面临巨大挑战，但对于智库，必须要了解并有效回应赞助方、记者和公众提出的关于智库在政府中角色及影响力的问题。

智库能够利用多种方式评估其影响力，并考虑其对决策环境的贡献。TTSCP 很多研究都聚焦于发展一套全面的评估工具来衡量智库的影响。这个研究的动力一方面是源于智库产出和影响力之间的明显紊乱。在 TTSCP 各类研究和调查中，当问及公共政策影响力及衡量标准之际，研究员和智库都提供了大量产出清单（书籍、会议、网站点击率、媒体曝光度等）。但产出并非是衡量影响力的唯一方法。

• 资源指标：雇用和留住龙头学者和分析员的能力，财政支持的水平和稳定性，决策层和其他政策参与方与智库的沟通，雇员撰写研究报告和深度分析的能力，网络的质量和可靠度，与政策学术界和媒体的关系。

• 使用率指标：被媒体和政策精英视作该国“著名”智库，在媒体亮相和媒体引用、网站访问量的数量和质量，官方或政府机构/部门的简报、官方任命和咨询，书籍出售情况，报告分送，给学术界和大众出版贡献的研究分析参考，以及参加或组织的会议。

• 产出指标：包括以下各项的质量和数量：政策建议和思路；出版物（书籍、期刊文章、政策简报等），新闻采访，组织的会议、研讨会和汇报会，提名政府机构顾问的雇员。

• 影响力指标：建议能够被决策层和民间社会组织考虑或采纳，网络向心性，在政党等政府机构方面的顾问角色，获奖情况，学术期刊、公共证词和其他媒体对智库产品的引用和发表且能影响政策探讨和决策，邮件列表和网站主导性，能否成功挑战传统思维和标准。

除了这个量化评估，一个有效的影响力评估还应该包含非政府组织（NGOs）、政府和决策层官员，让他们来确定一个智库的产出在何种程度上被使用。这个参与可以通过采访、调查、问卷和焦点小组会议来进行。①

六、全球智库影响力评价和排名的局限研究

（一）全球智库排名的运作方式和失败原因分析

评价排名是保持组织有效产出的必需工具，至少评价具有如此功效。但是，即便公平而明确的评价，也不免陷入无休止的争论。克勒纳指出，这些评价排名基于或多或少的硬性指标，而更多的是采用主观性评价指标。在包括公共讨论在内的社会科学研究领域，我们更多地倾向于基于硬性指标的评价排名（这并不意味着我们对基于主观评价指标不感兴趣，只不过考虑到政治家们对全球智库评价排名的普遍的或个别的认识）。全球智库报告展示出了其“打造全球智库评价排名领先地位”所做的努力。② 这个报告的确有助于将公众的目光吸引至“智库”——这类提供以学术研究为基础的政策建议为主业的组织。2012 年，詹姆斯·迈甘和他的团队成员将全球智库的数量锁定为来自 182 个国家的 6603 家智库，虽然这一数字已经很高，大多数学者也都认同美国、中国、英国、印度、德国等国家的智库居多，甚至从国家智库数量上也是这个排序。尽管全球智库报告中对智库冗长的界定自

① 参见 James G. McGann. *2013 Global Go to Think Tanks Index Report*. 2013.

② 参见 James G. McGann. *2012 Global Go to Think Tanks Report and Policy Advice*. 2013.

2007年以来在逐步改进。但是，关于全球和国家层面智库的数量，不得不引起学界的疑问：当全球智库排名的组织者试图识别全球范围的智库时，到底在多大程度使用它们自己对智库所做的界定。比如拿到2012年排名“入场券”的智库，包括：赦免国际、透明国际和人权观察三个全球性倡议集团；世界经济论坛（一个国际合作组织）；“马克斯·普朗克研究院”（即：马克斯·普朗克科学促进会，一个为德国80多家前沿基础研究机构服务的学会组织）；美国国家民主捐赠基金和开放社会研究所（两个基金会组织）。同时，怎么让人们真的相信：2012年阿根廷有137家智库、南非86家智库、罗马尼亚54家智库、肯尼亚53家智库、玻利维亚51家智库、多米尼亚共和国28家智库。因此，正如大多数现有关于美国组织研究的文献处理方法一样，智库研究文献中任何试图超越这一偏见的努力都是值得鼓励的。

但是，重要的是，一些学者也表示，该全球智库评价排名的表面价值不应被高估。组织者曾开诚布公地承认其本身存在的一些偏见和异议：比如可能没有展示出诸如非洲和亚洲某些区域的智库，尽管在近年来的评价排名过程中，他们尝试通过提名推荐的“民主化”方法来解决这一问题。也就是，首先在第一轮允许来自所有6603家智库同行、3500名记者、公私捐赠者和有选择性的政策制定者提名现有38个排名类别中的25个智库（自我提名是不被允许的）；在第二轮，相同的投票者对第一轮中获得5票及以上的智库进行评价排名，他们有权决定参评的智库能够进入到现存中任一类别中的数量（自我排名是不允许的），然后这一结果由若干个智库研究专家和来自不同区域的专家负责审查可能存在的任何错误，无论是一般的翻译拼写错误或是严重的疏漏；第三轮评审中，相同的专家评审团队有权确定最终的排名，并为任何可能的改变负责，然后提供给智库评价排名的组织者，由其准备并将最终的排名付诸出版。每年年初经过这一程序，读者将得到基于全球视野、地区研究或者其他一些标准下的名列榜单的“顶尖智库”。

非常不幸的是这些排名存在着严重的问题。当对智库进行评价排名时，首要的是采取明确的标准。比如，如果一个智库在类别 A 或类别 B 中排名或高于或低于其他智库，我们应该知道为什么。尽管这一指标对于评价排名的组织者而言是通用的评价标准，但对于全球智库评价排名的参与评审者却是一个冗长的评价指标体系，这一评价指标体系包括“影响决策者、媒体和学术界精英的渠道”“作为决策咨询者的职员数量”“智库学者所获的奖项”“成功突破政策制定者传统思维或者产出创新政策观点和项目的梳理”等指标。而大多数所列出的指标对于衡量智库绩效的效用存在较大争议，并且关于如何把控这些指标，评审专家仅仅获得微乎其微的指导。即便这样，我们还要求他们从数量众多的、彼此之间存在内在关联的“资源类指标”“效用类指标”“产出类指标”和“影响类指标”中鉴别出其不同。

因此，无论评审者的评审程序多么理想，无论这些评审者是普通提名者还是专家组成员，他们能否较好地运用这些多元的评价标准和指标体系，是智库评价排名的关键问题所在。参与评审的专家们大多事务繁忙，也不能寄希望于雇用一个拥有精通计算能力的研究助手帮助他们评价。几乎可以确定的是，绝大多数评审专家会以某种“捷径”的方式开展他们的评价，或投票给有私人联系的智库，或关注那些知名的、有长期威望的智库，显然如此评价是主观的。同时，知名度和成功地将观点转化为政策并不能画等号。因此，尽管这些排名的标准选择和指标设计给人的印象看似严谨，但在实际操作中，基本依靠直观感知而非理性分析。① 智库评价排名的方法论缺陷，自然会出现这样的结果。

总之，全球智库评价排名受困于一系列严重的且难以修复的问题。② 更进一步讲，在各国智库运作环境存在着巨大差异的情境下，开展全球智库评价排名或者区域性智库评价排名的价值何在？如同蒙

① 参见 Enrique Mendizabal. This Year, Instead of Ranking Think Tanks Let Think about Them More Carefully. 2012.

② 参见 Goran Buldioski. *Mirror, Mirror on the Wall... Tell Me Who is the Best* Think Tank in the World? 2011. http://goranspolicy.com/mirror-mirror-wall-tank-world/.

迪扎巴尔（Mendizabal）指出的“除非拥有通行的行动领域的特征可以运用，跨越整个大陆的对比毫无考察的价值”。排名前列的智库热衷于利用其优势地位并巩固之（不仅仅获得资助），诸如此类的排名导致智库开始倾向投注更多的精力和资金用于公共关系，而不是其核心业务——政策研究。[①] 如果专门考察智库在特定国家和其他情境下的政策影响力，也许我们可以获得更有价值的评价排名。

（二）智库影响力评价研究：以产出为指标及其局限

智库是否具有影响力，如果可能的话如何衡量其影响，这些问题经常被提及。[②] 勇于涉足这一问题的回应者提供的答案各不相同。这种差异性显然基于不同的理论渊源和提出问题的倾向性。权力精英理论的拥趸们认为智库能够并且可以发挥影响力，因为他们属于统治精英的一部分。新马克思主义者则从葛兰西学派的“话语霸权”理论出发，认为智库有助于形成和掌控国际政治经济的话语霸权。多元主义理论者则将智库视为政策思想市场的重要供给者。当然智库自身也倾向于夸大其在政策过程中的影响力，“承诺式宣称”的动机在于向资助者证明其价值。[③] 像韦登鲍姆（Murray Weidenbaum）指出的，“一定程度的吹嘘是智库个体理性且必然的选择”。[④] 虽然大多数观察者都接受了 Weidenbaum 对不同类型、不同领域、不同时期智库的影响力评价，但是这就催生出关于“智库影响力”构成的问题。Rich 为此提供了一个答案，他将影响力界定为“专家成功地使其工作为人所知并对一系列政策制定者产生影响，以影响决策者的思维或使公众明辨政策

① 参见 Enrique Mendizabal. This Year，Instead of Ranking Think Tanks Let Think about Them More Carefully，2012.

② 参见 Donald E. Abelson. *Do Think Tanks Matter? Assessing the Impact of Public Policy Institute*. Montreal：McGill-Queen's University Press. 2010.

③ 参见 Diane Stone. Introduction. Think Tanks，Policy Advice and Governance，in Diane Stone，Andrew Denham (eds.) *Think Tank Traditions*：*Policy Research and the Politics of Ideas*. Manchester：Manchester University Press，2004. pp. 1—16.

④ Murray Weidenbaum. Measuring the Influence of Think Tanks. *Society*. 2010，47（2）. pp. 34—137.

相关信息”。[①] 对此的理解，当然不能忽略智库仅仅为已经记录下来的政策讨论和已经实施的政策决策提供“智力合法性”的解释的可能性，尤其在所谓的“评论转换期”[②]，比如大选后的政府重组或者现行理论范式遭遇现实实践的挑战或者政府需要履行新的角色，所有这些都为智库打开了影响政策过程的机会窗口。

无论是议程设置阶段还是政策审议阶段，追踪智库在政策过程中的真正影响力，在现实实践中都是非常复杂的。即便是评价名列榜首的智库在政策过程中的作用，都难以获得政策制定者的官方认定。尽管叙事分析有助于更好地理解政策制定过程，但也通常难以对智库介入的动态性进行全面的概括。因此，判定智库在政策过程中可能的影响力，需要对具体政策过程的案例式追踪。但是，政策过程的案例式追踪，面临着方法论层面和其他原因的困境。例如，政策过程案例式追踪需要耗费时日，智库的原创性观点哪怕仅仅转化为法律条文中的个别概念或者政府的行动，甚至都需要追踪数十年的时间。并且智库观点向政策转化的过程通常需要许多的支持，至少是参与者宣称的支持，但是一旦失败（如政府没有采取行动），通常是个意外，当然也不再被讨论了。[③] 这自然会产生以下相互关联的问题，即政策输入是多元的，公共政策或政府政策演进是一个复杂的、叠加反复的过程。在这一过程中包含了对政策观点的研究、分析、讨论和提炼，经常需要和众多利益相关群体广泛征询意见。当一个政策最终被采纳，它可能带有众多手指留下的印记。[④] 政策过程追踪通常是一项耗时很大的活

---

① Andrew Rich. *Think Tanks, Public Policy, and the Politics of Expertise*. Cambridge: Cambridge University Press. 2011.

② 参见 Diane Stone. Introduction. “Think Tanks, Policy Advice and Governance”, in Diane Stone and Andrew Denham eds. *Think Tank Traditions: Policy Research and the Politics of Ideas*. Manchester: Manchester University Press. 2004. pp. 1—16.

③ 参见 Murray Weidenbaum. Measuring the Influence of Think Tanks. *Society*. 2010, 47 (2) . pp. 34—137.

④ 参见 Kuntz Fred. *Communications and Impact Metrics for Think Tanks*, *Centre for International Governance Innovation*. 2013. http: //www. cigionline. org/blogs/tank-treads/communications-and-impact-metrics-think-tanks.

动，需要将千辛万苦获得的只言片语汇总起来，作为有效的证据，对智库产出做出看似合理的解释。但是，学者们关注的似乎就是试图否认对智库产出的不同解释，这样的情况是不可能完全避免的。

这就难怪获取和评价智库影响力通常依赖于数量众多的指标和易于获取的数据。比如，政策过程中的“投入”可以测量政策报告和智库相关议题简报的数量，还包括智库提供给立法机构和政府部门的口头报告和书面建议，也可能去测量智库组织的或者智库成员参与的政策相关的活动数量以及媒体在这些活动中的参与情况，比如，非营利组织“公平精确报道”（美国媒介监督组织）提供的美国智库排名报告，就是以媒体对智库产出的引用情况进行，还包括诸如智库成员借调到政府机构的情况等等。[①] 在相关的领域，克拉克（Julia Clark）和鲁德曼（David Roodman）近来尝试测量美国智库和智库国际化发展的公众宣传活动情况，并主要测量以下五个指标：（1）社交媒体粉丝的数量（即脸谱和推特的追随者）；（2）相关的全球网站流量排名；（3）智库被友情链接的数量；（4）智库被相关全球新闻提及的数量（多语种）；（5）谷歌学术搜索的引用数量。[②] 为了更好地获取智库效能，他们还基于预算数量对结果进行了调整。尽管克拉克和鲁德曼已经意识到如此测量在方法论层面存在的缺陷和排名操作过程中的常见局限，但他们还是展示出来其超越简单感知型排名的优越性。另一个例子是，2001 年以来英国《瞭望》杂志一直探索的定性分析路径，主要通过采用专家组的评审决定年度智库奖项。显而易见，对智库进行完美的评价是不可能的，这本身也预示出其可以改进的空间。

作为一个总结而言，数量众多的指标仅仅有助于观测到智库及其成员产出结果或知名度，也就是韦登鲍姆所说的“数量众多的指标可

---

① 参见 Kuntz Fred. *Communications and Impact Metrics for Think Tanks*, *Centre for International Governance Innovation*. 2013. http：//www. cigionline. org/blogs/tank-treads/communications-and-impact-metrics-think-tanks.

② 参见 Clark Julia, David Roodman. *Measuring Think Tank Performance*：*An Index of Public Profile*, CGD Policy Paper 025, 2013. Washington：Center for Global Development. http://www. cgdev. org/publication/metrics-think-tank-profile.

以用来测评智库提供的中介产品”。[①] 但是无论从个人还是智库整体层面的，这些指标都很少涉及智库对政策过程的真实影响，政策制定者是否实际地运用这些中介产品值得探讨。比如，以智库声誉为基础的数据，也就是通过对政策制定者的问卷调查所获得的对智库及其专家团队的评价，能够用来获取智库的影响。再者而言，这些数据更多的来自于感知，较少涉及智库对政策过程的真实影响，并且确立这些数据和其他数据相关性的可信度是非常困难的。尝试分析声誉数据和学术期刊出版物和媒体传播数据相关性的研究，可见近期德国全国性日报《法兰克福汇报》发布的德国“最有影响力经济学家”和他们供职的机构排名；《韩国经济日报》基于“公众影响力”“研究报告的质量”“研究人员的竞争力”和“研究机构的规模”等指标的韩国智库排名，这些排名均引起大量方法论层面的质疑。照此分析，对智库影响力进行评价排名在实施层面存在较大的问题，更不用说是跨国层面的。

当然，这里主要是提示现行智库评价存在的诸多问题和挑战。尽管目前的智库排名不甚完美，但学者们认为也不能简单地将其完全否定。于是很多学者提示，智库排名因很多原因仍将保持其吸引力。它们满足了学界对智库绩效评价的好奇心，甚至也可以帮助确立智库成功运作的标杆，同时也可以提升政府和机构的政策水平。因此，智库排名将会持续，需要做的是，当阅读和使用这些排名时应该持谨慎态度。进一步而言，审视现有的智库排名，应该有意识地以其对智库的概念界定和评价排名的方法论为基础，分析其相对局限性。尤其是不能误解合理且严谨的感知型排名。但是如果采取必需的谨慎态度实施智库评价排名，那么就能够以负责任的态度享受这一过程。[②]

---

① 参见 Murray Weidenbaum. Measuring the Influence of Think Tanks. *Society*. 2010，47（2）. pp. 34－137.

② 参见〔德〕帕瑞克·克勒纳著，韩万渠译：《智库概念界定和评价排名：亟待探求的命题》，《中国行政管理》2014 年第 5 期。

第八章　智库的发展趋势研究：全球智库和智库网络

进入21世纪以来，人类社会面临各种层出不穷的新挑战。这些纷繁复杂的挑战日益要求人们以创新性的思想和别样思维来应对。21世纪的全球新形势，无疑对作为思想生产者的智库提出了新要求，也催生或促进了智库的发展变化。当前，全球各地区智库的发展方兴未艾，而国际化和网络化是其两大重要趋势。这些发展正在展示出智库研究新的趋势。

一、智库全球化和网络化的缘起分析

（一）智库全球化的兴起

通常情况下，智库是作为一个非营利组织而存在的。在学术圈，它们通常被认为是在全球和区域政治中的非国家行为体。有时他们也被描述为第三部门组织。从这两个视角出发，智库就被看作物质利益的车轮以及擅长于说服、议程设定和宣传艺术的思想力量。首先来看看学者们如何研究这些智库的跨国化行为和他们在面对来自全球或者地区要求时的不同回应。

首先需要回应的一个学术问题是，为什么这么多智库在地区和全球两个层面交叉活动。研究表明，这股热潮一方面是因为基金会、公司和其他非国家行为者，如非政府组织要求高品质的研究、政策分析和意识形态的论证，另一方面也是因为政府和国际组织赠款给智库，希望增强政策分析能力，促进人力资本的发展。接下来学者们需要重点论述的便是这种供需力量如何推动智库进入全球视野以及论述清楚智库是什么、它们的目标是什么，以及如何对其发展趋势进行跟踪。

智库指的是独立（且通常为私有化的）政策研究机构，这些机构中通常包含特定政策领域或者更广泛政策议题的研究者。智库会通过多种渠道教育到或者影响到政策制定者。在很多情况下，智库是准政府或准学术组织，它们缺乏独立性。①

学者们的研究表明，智库的历史可追溯到1831年，当年英国的国防与安全研究所（the Institute of Defense and Security Studies）成立。1884年费边社（the Fabian Society）成立。召集专家共同制定政策的想法初始于1865年的美国，当时有将近100名各界的先进分子齐聚在波士顿的马萨诸塞州议会大厦，共同探讨当时面临的问题。如美国政治科学协会（the American Political Science Association）等的专业组织以及如慈善和修正国家会议等的改革团体，在那次的会议中找到了自己的根源。尽管这次事件确切地说是一个临时委员会，但是其思想与智库类似。20世纪产生了针对“专家”作用的激烈讨论。伍德罗·威尔逊总统是一位坚定的反对者，他认为这些精英是对民主的威胁。富兰克林·罗斯福总统则持相反的意见，这在他创造的“智囊团”一词，以及其新政的实施中显而易见。若干年后，当里根当选为总统时，随着保守专家和智库的出现，一个新的“思想产业”喊出了自己的声音。如今，持有各种政治意识形态的专家都有一技之长，构建了美国异常丰富的政治文化。②

学者研究表明，这些研究组织在学术界和政治的交叉地带活动，

① 参见 Diane Stone，Andrew Denham，Mark Garnett（eds）. *Think Tanks Across Nations*：*A Comparative Approach*. Manchester：Manchester University Press. 1998.

② 参见 James Allen Smith. *The Idea Brokers*：*Think Tanks and the Rise of the New Policy Elite*. The Free Press. 1991.

他们往往寻求思想和政策之间的连接点。智库都有一个共性：智库中的个人都尝试将其学术理论和科学范式与政策制定相关。然而，这些智库之间在规模、资源、研究产出的数量和质量上有相当大的差异。世界各地的大多数智库只有少数的工作人员和屈指可数的年度预算。[①]仅有少数的智库是跨国化的，比如美国的布鲁金斯学会、日本的野村综合研究所。智库也会表现出不同的目标或对事物关注的优先级。如果一个智库寻求对一个政府的长期影响，将会邀请政治家和官僚参加讨论会，而不是试图通过杂志或其他学术出版物来影响这些人。而智库如果希望影响公开辩论，它们则可能对媒体更为重视。另一个进一步区分不同智库的方法是看它们的思想倾向。一些机构强调务实的或学术的方式，其他机构则可能是保守的、新自由主义的或社会民主主义的。还有一些是生态主义的抑或是女权主义的。

政策研究机构不仅仅局限于政策研究、政策分析和政策宣传的核心功能。他们还参与到教育、培训、会议、研讨会活动、网络、市场营销和与政府及非政府机构各种形式的联络中去。因此，它们的产品形式多种多样，范围从出版物——书籍、期刊、时事通讯——延伸到组织会议、研讨会或构建网站，也包括很多无形的服务，如专家评论、社区教育、公开辩论、协助民间社会的能力建设和帮助网络发展。

有许多国家不堪重负的官僚机构和有限用于政府的政策分析能力为智库的发展提供了机会。然而，它们之间紧密联系的程度不同智库之间、不同国家之间都有不同，地区差异也很明显。拉丁美洲研究所，特别是自由派研究机构往往被政治体制边缘化，直到专制体制消亡。相比之下，一部分东南亚地区的精英主义智库与它们所在国的政府保持了密切的联系。这其中一部分具有半官方地位或者本来就是由政府部门建立的，法律和政治上的限制往往使得智库对于政府的关注和管

---

① 参见 Alan Day. *Think Tanks, an International Directory*. Harlow, Essex: Longman. 1993.

控比较敏感。[①] 其他还有一些智库成为军界的玩家。兰德公司就是一个显著的例子。大批的新自由主义或自由市场研究机构远离政府的资助。它们包括美国的卡托研究所、英国的经济事务学员、澳大利亚的独立研究中心、智利的自由与发展学院和土耳其的自由主义思想研究所。中东/北非（MENA）地区的智库也面临一些内在的矛盾困境，它们渴望保持独立，仅仅依靠狭窄的赞助而生存，不在官方的圈子里活动。[②] 这些智库对于它们和权力和权威中心关系的界定不仅和它们自身的思想倾向和目标任务相关，而且与它们所在的政治文化的法律和经济限制密切联系在一起。

国外学者们认为，独立智库、官方或国家资助的智库不是能够截然区分的。在现实中，完全的自主权和独立性是不存在的。自我设计的研究计划、财务独立、客观的学术研究焦点和距离官方论坛保持距离可以有助于加强这些组织知识的完整性，但也损害了其潜在研究的政策针对性和组织能够获得的投入。从某种程度上，所有的智库都在被其所在的政治语境塑造和制约着。一些智库高度依赖国家资金投入或享受优惠的税收地位；一些智库在法律上构成半官方机构或最初是由政府建立。在其他情况下，机构正在非正式地融入政策发展的需要当中。

智库作为一个组织现象主要兴起于20世纪。不过，据记载，智库的发展已经经历了三次大的浪潮。[③] 直到第二次世界大战前，他们主要是出现在欧洲或北美地区。这种政策研究机构的第一波发展是因为精英国家的识字水平快速提升以及来自公共辩论的压力。然而，这个时候国际关系在其中的作用实际上是未知的。第二次浪潮从1945年开始，其特点是更广泛智库的发展。在美国、德国、英国和奥地利，战略研究和冷战时期的外交政策研究急剧增加。这个时候，智库也开始

---

① 参见 John W Langford，K Lorne Brownsey（eds）. *Think Tanks and Governance in the Asia-Pacific Region*. Halifax，Nova Scotia：The Institute for Research on Public Policy. 1991.

② 参见 CIPE. *Improving Public Policy in the Middle East and North Africa*：*Institution Building for Think Tanks*. Washington DC：Centre for International Private Enterprise. 1997.

③ 参见 Diane Stone，Andrew Denham and Mark Garnett（eds）. *Think Tanks Across Nations*：*A Comparative Approach*. Manchester：Manchester University Press. 1998. pp. 1—20.

小规模地出现在发展中国家。然而，直到目前，这些机构保持了国家中心主义的状态，它们的资金来源于财政，它们的受众也主要在国内。

智库发展的第三次浪潮是智库在全球和区域层面进行跨国行动。在许多方面，它们是政治晴雨表，对更广泛的趋势和环境做出反应。1974 年欧佩克石油危机，环境问题的日益突出，一些专制政权的倒台，欧盟的不断发展、深化与扩大，苏联解体和后来的国家建设，已经创造了新的政治空间，智库可以在其中进行运作。更常见的，它们通过采用更广泛的研究计划来应对诸如污染与国际资金和人力资本的流动等跨界政策难题。这些变化见证了跨国化的政策共同体的出现，这些政策共同体由官员、专家和既得利益者组成。国际间议题的扩大、主权国家所面临的挑战的增多和跨国间政策共同体权力的增强是智库国际化背后的最显著原因。

智库的全球大规模兴起也受到基金会和发展援助对此类组织的推动。随着信息流动的便捷，智库的思想有更大的可能被生产和提供出来。同样地，跨国化的智库伴有学术的国际化，越来越多的“无形的大学”，跨国家科技攻关计划和国际交流得以出现。

学者认为，自 20 世纪 80 年代后期，越来越多的智库已经将它们的活动拓展到它们自己的国家之外。① 总部设在新加坡的东南亚研究学院是一个区域智囊团的典型例子。罗马俱乐部和世界经济论坛（达沃斯）也是这种情况。各种智库在进行跨国活动的时候具有不同的特点。比如一些美国的研究机构在海外设立办公室，如传统基金会在香港、城市研究所在俄罗斯都设有办事机构。国际战略研究所（IISS）设立了国际奖学金计划，来吸引来自世界各地的具有天赋的研究人员，这笔钱还能够使得它们与世界上其他的研究机构保持多年的联系。欧盟一体化步伐的加快也见证了诸多不属于任何一个特定国家的研究机构，比如新欧洲研究中心和布鲁塞尔的欧洲政策研究中心。

---

① 参见 Karsten Ronit，Volker Schneider（eds）. *Private Organisations，Governance and Global Politics*. London：Routledge，2000.

如今，智库的国际合作研究和正式研究网络已为多见，它们常常围绕着诸如环境、安全和发展等特定问题进行组织和研究。例如有文章中记载，在 20 世纪 80 年代，瑞士安全机构扮演着在志同道合的机构间建立网络的发起人角色。其他智库也被吸引到更广泛的跨国网络中去。地中海发展论坛（MDF）促进最好的实践。吸引高级政府官员、发展社区和私营部门进行有效对话，对话内容涉及有效的管理、良好的治理和可持续经济增长。地中海发展论坛主要团结了中东和北非地区的智库，并获得了世界银行的支持。从 1997 年开始，世界银行还主办了一些地区和国际的智库高管会议，作为其“知识发展”扩大议程的一部分。

智库在全球或者区域层面表现突出往往反映了其在自己国家中的巩固程度。跨国机构仍然需要一个强大的国内选民和资源的支持。跨国活动需要财力、领导能力和远见，以及将专家人员组织到区域和全球论坛中去。并非所有的机构控制足够的物质和观念的资源，进一步说，经常有一些拖后腿的因素使得很多的研究机构只是专注于国家政策问题和国内受众。这些在全球层面活跃的智库也是精英主义的，绝大多数智库在国外并不知名，它们缺乏规模、品位高度、公认的专家和资源。简而言之，北部地区的智库比来自南部地区的智库更为卓越一些。此外，合作网络和各种合作形式在自由民主国家的成熟智库之间更为广泛，而中东和北非地区的类似机构只是建立在它们自己的区域里面。然而，尽管在组织能力上有差距，全球智库之间总的趋势是越来越多元化并深入到跨国活动。①

（二）智库网络化的兴起研究

1. 政策网络的出现

伴随国际组织和机构在当今全球范围内的快速发展，网络越发引

① 参见 Diane Stone. Think Tank Transnationalisation and Non-profit Analysis，Advice and Advocacy. *Global Society*. 2000（2）. pp. 153－172.

起人们的关注，这其中包括专家学者，甚至与学术无关的人。网络在实现社会目标方面尤其引人注目。[①] 在服务和资本全球化背景下，全球公共政策网络不仅是不可或缺的，而且是才堪大用的，因为网络作为一种社会机制能够跨越社会的、政府的和地域的界限。在这方面，政策网络作为桥梁可以将各种因素，包括政府、商业和社会团体通盘考虑。政策网络并非只是已建立的机构（如智库）之间的网络，它经常作为结构独立的实体存在。

学者研究表明，政策网络在20世纪90年代经历了快速的增长和发展。当冷战结束而全球化进程开启，一个愈发明显的事实是：只依靠一种渠道就能够单独解决问题已经不存在了。技术和交流的进步使网络构建变得容易，因此，政策网络就填补了政府决策的空缺。与智库相似，政策网络开始不只在研究方面，也在结构方面，涵盖多种多样的事件；它不只局限在一个领域之内。

学者认为，全球化极大地推动了政策网络的繁衍。政策网络发展还有两个特定因素的有利条件：政治和经济的日益开放和技术革命。经济开放拓宽了市场，使劳动力遍布全球。持续的政治开放使社会团体得以发展，而跨国的联系和沟通需要通过这些社会团体来进行。技术革命一开始仅限于私人部门，继而是公共部门，使国际联系和交流大大增加。

随着这些政策网络的出现，三分网络是一种与典型网络截然不同的代表。典型网络通常将民间社团与强大的商业财政资源、国家和国际组织政策实施能力相结合。一个三分网络由国家、国际组织和民间社团组成，这些组织通过合作来解决原本不能独立解决的复杂问题。

从这个角度看，跨国联合的通道被建立起来，由于这种方式能够联合多个组织和多种资源，智库的发展呈现出难以置信的多样化。这

① 参见 Charlotte Streck. Global Public Policy Network，International Organizations and International Environmental Governance. *The Road to Earth Summit*. 2002. 20，April 2001. p. 1.

种多样化是政策网络解决复杂问题的关键因素。所以全球政策网络是无可替代的，因为它可以管理和支持数量如此之多的参与者。

多数政策网络出现在过去的10年间，由于它们的多样性和适应性，以及获取政治关注和支持的能力，政策网络成为当代的一个社会现象。话虽如此，但目前政策网络的组成仍然与一些机构密切相关，包括已建立的基金会和个人社会团体、政府和国际组织。因此，政策网络仍然不能完全以独立的形式出现，尤其当牵扯到资金问题时。直到今天，这种以成员为基础的模式仍然依赖于外界赞助。外界赞助经常涉及跨国组织（如世界银行、世界卫生组织）或大财团（如福特、洛克菲勒）的支持。这些私人的国际捐赠者直接（或部分）地促进了过去10年间政策网络的飞速增长。相应地，这些组织构成了政策网络的骨干力量，从而通过提供资金、人事、咨询和其他资源来提升对共同行动的响应。①

因此，政策网络的主要目标是多层次的，它们推动着新生事物进入公众视野，并在辅助构成和实现全球化标准的任务中起到作用。尤其是政策网络旨在融合拥有共同既得利益的各党派，增进透明度，并设定时限以取得共识，采用三分模式规避分歧。政策网络同时也以积累和传播知识为目标，受到技术进步和交流方式的影响，使其更容易获得并传播大量的知识给越来越广泛的受众。

正是因为拥有日益增长的对广大受众进行知识传播的能力，政策网络已经渗透到社会各部分和各个阶层。国内政策网络由各类社会活动者组成，这些活动者专注于某个纯粹的、国内范畴和个人领域的独特议题。国内政策网络具有地区性，并且通常建立在能将政治党派和社会运动相结合的地区，如在拉丁美洲的一些地区。区域政策网络同样善于处理如民主转型和经济增长之类的政治难题。通过合理限制政策网络的规模，在特定的主题、事件和功能下，区域网络可能会比全

---

① 参见 Thorsten Benner，Wolfgang Reinicke，Jan Witte. Beyond Multilateralism：Global Public Policy Networks. *International Politics and Society*. 2000（2）. p. 10.

球网络更有效。这可能是因为区域网络占有更多的第一手资料并获得相关经验，以及对复杂事件内在关联的洞察，而这些事件的处理可能是全球政策网络力所不及的。

全球公共政策网络建立在国家之间、凌驾于国家之上。它们是“政府机构、国际组织、跨国集团和国内团体的联合。这一联合取得的成果是单一的机构所无法完成的……为国际事务的政策决策提供更强大的合作和参考”。①

由于结构和覆盖范围的不同，学者们将政策网络按照功能被划分为不同的类别。网络的功能表明了政策网络模式的不同趋势和影响国际决策的不同方式。这些政策网络的种类是通过功能被定义为跨国倡议网络、国际执行网络、知识网络（认知共同体）以及议题网络。

（1）跨国倡议网络。

跨国倡议网络联合了有关方面，针对特定议题在全球范围内发挥作用。之所以被称为跨国倡议网络，是因为它“倡议为一些原因寻求支持或因某个议题而聚集在一起”。② 这些参与者通过共享的价值观、共同的论述、集中的信息交流和服务而绑定在一起。相应地，为追求共同的目标，信息是通过交换得来而非生产得来的。在这个意义下，网络行使整合的功能。作为民间社会团体，倡议网络是管理市民的潜在手段，以及拓展合作的有效工具。除了倡议的功能，倡议网络还能够提供对话/信息分享和联系的功能。倡议网络还能够为其成员提供以传承和提高倡议能力为目标的教育培训。最重要的是，跨国倡议网络的核心目标是培养全球共识。就其本身而言，倡议网络通常由那些民间社会组织和地区组织构成，包括对政府间组织、跨地区组织和私人机构进行游说并整合形成。媒体经常被中央政府用来集中公众的注意

---

① Wolfgang H Reinicke. The Other world Wide Web：Global Public Policy Networks. *Foreign Policy*. 2000（117）. pp. 44—57.

② Margaret Keck，Kathryn Sikkink. *Activists Beyond Borders*：*Advocacy Networks in International Politics* Ithaca. N. Y.：Cornell University Press. 1998.

力，倡议网络将媒体解读为就高级道德问题进行争论，以此来抵消反对的声音。但是，国际政策倡议网络通常难以在政策的制定中与决策者达到良好融合，在运行中更像是一种“外部组织”。① 倡议网络的相关例子包括国际禁止地雷运动、农村交通与发展国际论坛，以及自由工作组织等。

（2）国际执行网络。

国际执行网络是政府官方网络，它包括政策研究、财政规划、立法和审判等方面。国际执行网络的主要目标是扩展管理层，从而使国家政府官员与公司企业和市民社团的合作齐头并进。这些网络与专业领域的活动者执行信息交流、对话和联系的功能。执行网络的功能在其结构上可以被看作一个智库网络，同时也是一个结构独立的公共政策网络。罗马俱乐部和金融研究中心就是这样的例子，两者都联合了独特的专业网络智库。

（3）知识网络。

知识网络或认知共同体是一种将通用标准和寻求专门政策领域变革的政策活动者聚合起来的网络。这些网络对全球思想市场的多样化、模式和公平性贡献颇多。与其他直接政治或政策导向的网络形式不同，知识网络在对话和信息共享功能上大力投入。与它们的名称相对应，这些网络主要专注于知识的创造和传播。

（4）议题网络。

议题网络是政策网络中的一个特例。它们并非一劳永逸的网络，而是针对某个特别的紧急议题提供解决方案，议题的性质千差万别，可以小如地区性的教育运动。在全球范围内崛起的议题网络往往包括基层参与者（草根阶层），因此自身具有多部门的特点，能够为行动和倡导提供坚实的基础。

全球智库和全球政策网络的议程已经与全球化紧密结合，这一点

---

① 参见 Margaret Keck，Kathryn Sikkink. *Activists Beyond Borders：Advocacy Networks in International Politics*. Ithaca. N. Y.：Cornell University Press. 1998.

很重要，因为它展示了国际热点和对“跨界政策问题”的重视。智库研究可以通过网络持续进行，归功于通信技术的发展，全球化和全球智库的不断增强使其受众扩展到全球范围。

2. 智库的网络化

“网络现象”（networking phenomena）是随全球智库一同探讨的理念，两种截然不同但彼此联系的趋势出现在这个现象里：智库网络化和结构独立的公共政策网络的发展。

毫无疑问，全球化和通信技术的发展促进了网络化，技术带来了更多的国际合作和信息的传播。至少在原则上，政策研究组织完全可以利用很少的资源将自己的成果传播到全球。与智库志同道合的国际财团也参与意见的分享，并因此提升智库在政策部门中的认同度。

此外，网络交流的增长使以往对这些事务持一贯排斥态度的独裁政府，现在越来越难以限制网络空间信息的交流和发表观点。网络交流更容易、政治上更安全。

政策问题跨界是当前国际形势的一个常见方面，冲突和问题已经不再限定在某个具体的边界内。恐怖威胁、自然灾害和流行病需要跨国的协调和快速的政策应对；金融和环境监管需要深思熟虑的规划设计，这要求不同职能的参与者通力合作。政策网络能够跨越空间，连接（智库）机构和各国政府，因此促进了政策的设计和实施。

决策过程越来越多地依靠多部门的参与，这是形成网络现象的另一个动力。随着政策问题的复杂性越来越高，特别是全球范围内，参与者除最初的政府部门和智库，又增加了大学、国际组织、非营利性机构以及其他社会组织、政党、社会运动，甚至企业和私营部门。在多变的全球背景下，像美国这样的常规政府根本无法兼顾社会的方方面面。民间社团组织、私人参与者和商人需要与公众参与者携手合作，才能使国家和国际组织实现其目标。

网络已经成为汇集不同参与者的投入和资源的一个恰当的工具。智库能够通过将地理、思想和功能上截然不同的参与者吸收到研究者、成员和合作网络中来，以提高政策分析的重要性和准确度。独立结构的公共政策网络更是一个不受智库机构驱动的包容集合，满足政策制定对多领域贡献的需要。

随着形形色色的新智库在全球各地区广泛兴起，它们需要通过合作机制和信息共享的手段，加强政策影响力和执行效率。智库的合作网络针对以上两方面，为智库提供了获取和共享信息的方法，以及为特定议程开拓了资源。独立结构的公共政策网络的产生，同样可以被看成是智库繁衍的一种结果。它在公平的竞争环境中通过一个独立的协调机构连接各个独立的智库。

当智库在不同地区建立国际中心，面对新的决策形式和社会准则时，它们必须快速地融入当地环境中，与各方建立关系，以便高效地运作，实现政策影响力。智库网络在本质上，是融入新的决策环境的一种手段。随着智库向当地研究人员、成员和合作伙伴伸出橄榄枝，便增强了对当地信息的收集能力，获得了新的资源，同时也提高了在新的决策环境中的合法性。①

过去的 20 年里，全球智库网络作为智库全球化的一个特定形式，已经成为时代最显著的社会现象之一。政策网络和智库网络的不同之处在于，智库不是唯一类型的参与者。智库网络仅由研究机构和政策中心组成，它们分享类似的组织结构和总体目标。斯初克（Struyk）扩展了智库网络和政策网络之间的区别，以观察其功能上的差异；他声称政策网络的功能主要是在各利益成员之间斡旋，而智库网络则通常由持有共同观点的研究组织构成，以便追求相似的研究目标。全球发展网络（the Global Development Network，简称 GDN）就是这样的一个网络，它由不同的政策和研究机构组成，其目标是促进“以发展为目的的、以多学科知识为背景的政策的产生、共享和应用”。同时，斯初克基于四种标准对智库进行分类：宗旨和主要目标、激励参与、

① 参见〔美〕詹姆斯·麦甘恩、理查德·萨巴蒂尼著，韩雪、王小文译：《全球智库：政策网络与治理》，上海交通大学出版社 2015 年版，第 76—82 页。

基本成员以及网络凝聚性。① 斯初克将网络凝聚性定义为：政策所创造出的工作关系以及网络所形成的社区共享感的程度。尽管政策网络往往因其脆弱的本质会遇到更大的网络凝聚性问题，智库网络也仍然有相同的顾虑。更具体地说，斯初克建议，因为成员出发点一致，参与相对稳定，成员对议程有真正兴趣，所以网络具有更强的凝聚感。②激励参与特别重要，这与智库的预见性相关。知识网络中成员强烈的参与动机导致更多的服从和贡献，因而提高了智库和公共政策团体的整体可见性和公信力。

二、全球智库和智库网络的发展现状和作用探析

随着决策者、民间团体和公众对跨领域社会问题的日益关注，GPGs（全球公共产品）的理念，已经出现在国际事务中。全球公共产品是大众化的（人人都可以使用）、非抗性的（不会被耗尽），具备跨越人口、时代和政治壁垒的特点。全球公共产品的发展是如此迅疾，以至于一个国家难以单独处理这个议题。在考尔（Kaul）等人看来，多数公共产品并不能充足供给，个体往往根据自利原则，认为其最大的兴趣是享受最大利益，而将问题交由他人解决。这种现象被称作"搭便车"问题。③ 这一问题发生于消费者享用他们并未作出贡献的公共资源。这是自私自利和个人主义思想的结果。一个例子就是全球变暖问题，一些国家虽然享受着其他国家削减二氧化碳排放带来的利益，但它们自己却不愿做同样的工作。

全球智库和政策网络的目标，是通过寻找由全球公共产品引起的

---

① 参见 Raymond J Struyk. Management of Transnational Think Tank Networks. *International Journal of Politics*，*Culture*，*and Society*. 2002（4）. pp. 626－627.

② 参见 Raymond J Struyk. Management of Transnational Think Tank Networks. *International Journal of Politics*，*Culture*，*and Society*. 2002（4）. p. 626.

③ 参见 Inge Kaul，Isabelle Grunberg，Mare A Stern. *Global Public Goods*：*International Cooperation in the* 21st *century*. New York：Oxford University Press. 1999.

“外部效应”的解决方案，寻求切实可行的政策选择，从而制约由自私自利和民族主义的思想带来的后果。全球化和全球市场扩张的思路，以及信息技术的高速发展，催化了全球政策网络、全球智库的成长，尤其是全球智库政策网络（即两者的组合），成为公共话语、权威和知识交流的新形式。

（一）全球智库发展的现状分析

1. 全球智库的扩张

全球智库同智库网络一起联合了国外分支机构，汇聚学者、专家以及各地的民间社团，共同努力实现机构的目标。全球智库的议程随着全球化的进程发展，转变为对国际焦点和“跨国界政策问题”的及时关注。智库研究更可以通过网络——这一全球化带来的通信技术上的优势来实现，也表明了智库在不断争取着全球的受众。①

全球化的另一结果是过去几十年里智库数量迅速增长。研究表明，1991—2000 年间，平均每年在世界各地建立 124.8 家智库。这一趋势在非洲、西欧和中东尤为显著。值得注意的是，智库增长的数目在世纪之交明显下降，其原因可能是全球对智库的“承载能力”已经达到饱和。②

大多数美国智库的全球化发展，往往受到华盛顿对不断增长的以研究为基础的信息需求的影响。更具体地说，立法者和政策决策者能够凭借其影响力，以最小代价获得以研究为基础的“外部”资源，提升其政策观点和选择政策方案的能力。③ 影响立法政策的研究和评估成为抢手资源，从而强烈刺激了智库机构的建立。

2. 地区智库中心的出现

表 8—1 中的城市分布在全球的七个主要活动地区。列举的每个城

---

① 参见 Diane Stone. Think Tanks Across Nations：The Networks of Knowledge. *NIRA Review*，Winter 2000. pp. 34—39.

② 参见 Diane Stone and Andrew Denham. *Think Tank Traditions*：*Policy Analysis across Nations*. New York：Manchester University Press. 2004.

③ 参见 Anthony Bertelli and Jeffrey Wenger. Demanding Information：Think Tanks and the US Congress. *British Journal of Political Science*. 2008（39）. pp. 225—242.

市中都有许多影响力广泛的智库，因此成为了各自地区的政策讨论中心。①

表 8—1 区域智库中心

地 区	位 置
亚洲和大洋洲	悉尼（澳大利亚）、吉隆坡（马来西亚）、东京（日本）
东欧	布达佩斯（匈牙利）、基辅（乌克兰）、华沙（波兰）
西欧	布鲁塞尔（比利时）、柏林（德国）、伦敦（英国）
拉丁美洲和加勒比海地区	布宜诺斯艾利斯（阿根廷）
中东和北非	特拉维夫（以色列）、伊斯坦布尔（土耳其）
非洲东、西、南部	内罗毕（肯尼亚）、达喀尔（塞内加尔）、开普敦（南非）
北美	华盛顿（美国）

3. 智库全球化的前景

国外学者们认为，全球化、通信技术的进步，以及冷战的结束改造了智库部门，并促使很多智库走向全球化。当前大量的交叉和混合模式导致了日益多元化的组织，并囊括了众多声音、观点、参与者和专家意见。此外，交叉的混合机构和网络倾向扮演一个管理机构，而不是行政机构和立法部门的延伸。混合实体，因其私有、非正式和“权力委托”的身份，本质上不需对其政治领导人和公众的政治偏好负责。②

福兮祸兮，全球化同时也带来了真正的全球性危机，这需要统一的、多边的、非单方面的解决方案。全球智库作为国际思想的管理者和掮客，是政策的影响者。简单地说，决策者面对海量信息根本无从下手。他们越来越需要外部资源和实体对这些信息进行切实有效的解释和分析，并形成清晰、全面的政策建议和解决方案。

① 参见〔美〕詹姆斯·麦甘恩、理查德·萨巴蒂尼著，韩雪、王小文译：《全球智库：政策网络与治理》，上海交通大学出版社 2015 年版，第 97—99 页。

② 参见 Diane Stone. Global Public Policy，Transnational Policy Communities and Their Networks. *Policy Studies Journal*. 2008（1）. pp. 19—38.

智库全球化也激励智库努力寻求合作。超过12个智库参与的“从北京到巴西利亚”的全球领导联盟，就是这方面的一个例子。这些智库探讨了怎样通过全球化与合作来成功应对“人类的挑战”。全球领导联盟的宗旨是“成为以解决方案为导向的领导者及机构学习和参与的网络，应对单个国家——或者单个智库无法独立解决问题的新现实”。①

现实的问题是全球智库能否称职地影响全球政策，答案显然是肯定的。事实上，真正的问题是全球化现象是否真正扩散全球，而不仅限于以欧洲和美国为中心的观点。考虑到从资金到思想管理都存在激烈竞争，对于这一点，学界目前尚不能给出明确答案。

4. 全球智库研究的当前趋势

自实体扩张开始，智库的全球化方式就有很多种，导致相当多的不同智库并存。尽管这些机构的全球影响力大同小异，在很多方面却截然不同，如组织结构、运营方法、预算、工作人员、宗旨和目标，以及研究课题。除了以上不同，学者们还注意到，全球智库的研究也有若干不同的趋势。

学者们认为，可以根据其自身特征，对当前的全球智库进行归纳，最常见的方法是按照研究重点划分，通常包括二三个主要分类：单一议题、多议题和特色议题。尽管这种分类方法多少略显宽泛，并非所有全球智库都适用，但这三种类型却是深入理解全球智库作为思想和行动催化剂的潜在基础。可以发现，不同的“位置”趋势能够适用于这三种分类，这一点很重要。特别是，智库——无论它们位于何地或具体的研究重点是什么——都在其研究中偏向自己的祖国。同时，全球智库的研究会受到机构所在地的影响，尽管并不总是如此。

第一类全球性智库为单一议题智库，这些智库机构专门聚焦和关注某个特别的议题。虽然单一议题智库会被划分在更广泛和更普遍的

① Mark Gerzon and Dale Pfeifer. Even Report：Global Leadership Consortium. *East West Institute*.

研究类别下，诸如经济、安全等领域，但单个智库的宗旨、前景以及机构的目标都有相当大的不同。

多议题智库一般覆盖广泛的议题、大范围专业性的不同事件，但完全没有任何特定关注点。此类智库一般除了研究普通宽泛的主题之外，还追求区域性的研究项目。他们经常做一些地区性的研究报告，包括中东和北非、俄罗斯、东亚、非洲和拉丁美洲等地区。内容涵盖一般领域，包括安全、环境和自然资源、经济、健康、贫困和发展等。

最后，有少数全球智库聚焦的重点不归属于以上两类分类系统。这些智库被归类为特色智库，通常从事唯一的或与众不同的创新，以此作为整个研究的产出以及整个机构的全部使命。

学者们研究表明，有很多全球性智库可以视作单一议题的全球性智库，这意味着这些机构关注于特别的领域而非许多不同的国际事宜。它们趋向于将研究集中于七个主要类别中的一类，而不是涵盖许多不同的全球议题。在这七个主要的研究领域里，全球智库被分为不同的子类别，并经常对比分析不同的研究方法和任务。这七个主要类别为：经济、安全、和平建设、人权与市民社会、促进民主与自由和自由价值观、可持续发展，以及科学与技术。

研究经济的全球智库趋向于划分为研究全球化、国际财经或宏观经济、国际贸易投资及发展等领域。经济型的智库近期也部分投入到全球经济危机和经济复苏手段的研究中。它们中有些力图寻求更实际的解决方案并遵循更实用主义的研究路径。彼得森国际经济研究所（PIIE）就是一个应用古典理论研究经济的例子。该研究所专注于债务和发展、全球化、国际财经和微观经济、国际贸易和投资、美国经济政策等“热门话题”。其他机构正找寻经济领域创新的方案，研究基于经济学的非传统领域。基尔世界经济研究所（Kiel Institute for the World Economy）就是一个这样的例子，除了对传统经济议题的研究，还关注全球化和环境、气候和能源、消除贫困、平等、社会福利改革等议题。

基于安全的单一议题智库，趋向于将研究围绕两个主题展开。其一，开展基于议题的研究，通常涉及防止核武器扩散和武装解除、大国关系、反恐和非激进化、冲突和防御等内容。其二，开展关注特定地区的研究，如亚洲、中东、俄罗斯和欧亚大陆、南亚、欧洲、非洲和美洲。如国际战略研究院（IISS）定期报道当前的国际冲突和恐怖行动，但国际战略研究院防御分析报告聚焦于当前威胁到全球安全的军事概念、结构和技术的重新思考。

许多研究和平建设这单一议题的智库，紧密沿袭了安全导向智库的一般框架，同时拥有基于主题的和集中于区域性的研究。这些主题集中在危机的成因、处理与解决，和平与国家建设以及保卫的责任。区域性的研究更集中，一般包括非洲、亚洲和中东。

单一议题的智库研究主题更分散。这些智库的研究区域并不是统一的，而是根据人权的促进程度来对区域进行选择。这一类别的智库，一些集中于区域性项目，另一些并不如此。

基于可持续发展议题的智库一般有着与基于人权和民间社会议题的智库类似的目标。它们都致力于促进社会的向前发展，但是前者在某些特定的领域强调促进增长和创新发展，而不是抗争社会的不公。这些组织通常聚焦于经济增长、气候变化和环境，以及不平等领域。

与之前所述的两个亚类别相似，集中研究围绕推进民主、自由和自由价值观的智库机构，所反映的共同目标不同于一般分支领域的研究。虽然有丰富的多样性，它们中大多数都比其他领域的智库更多地趋于倡导实际行动。一些智库意图促进和支持民主、自由和自由主义价值观，因为它们所在地区目前已具备强大的基础和后盾，另一些则致力于向基础薄弱和没有基础的地区传播这些价值观。还有一些和经济类别智库具有相似特点，即致力于推进自由贸易市场体系。还有一些类似人权的智库机构，致力于推进福利制度。通过倡导和行动实现促进民主这一基础目标，是这一分支领域中联系不同智库的关键因素。

致力于应用科技知识来造福社会的智库可归纳为科技类智库。这些智库希望通过发展科技创新，应对社会、科学和工业面临的“大挑战”。它们在考虑社会福利和环境的前提下，促进经济发展和工业产业。德国亥姆霍兹国家研究中心就是这样一个例子，它们极力解决社会在工业领域的问题以提升人们的生活。它们通过创新科技发展为未来做准备。这类智库通常来说趋向于专一、精英并且做决策性的决定。例如，科学语言的论述和知识网络的专业证书可以作为进入该网络的“入场券”。①

学者研究也表明，现今大多数智库不倾向于选择某一专业领域，而是在研究中覆盖许多各种不同的议题。这些机构一般将研究分为两部分：其一，通常有一些研究世界各主要区域难题的区域性项目；其二，多议题全球智库有研究团队专门研究一些全球性的广泛的主题。这些主题和单议题智库的领域恰好一致。

尽管每个多议题的全球智库通过研究的所在地开展研究——智库趋向于在自己的区域做更多的研究——这些组织有一些固定的区域，智库倾向于在自己力所能及的区域。这些区域与单议题安全智库的研究区域几乎一致，包括中东、北非、俄罗斯、亚非地区、美洲、非洲、南亚和欧洲。

而且，多议题智库宽泛的主题覆盖范围与单议题智库的七个研究主要领域非常相似。除了研究经济、安全、和平等七个主要领域之外，多议题智库还对环境和自然资源、健康、贫困和发展等问题进行研究。尤其重要的是，虽然多议题和单议题智库在很多研究重点上都有重复之处，但是多议题智库偏向对未知的、经费充足的、特别的项目做研究，而相比之下，单议题智库最愿意把多数资源集中在一个特别的、宽泛的主题上。

学者研究还表明，由于当今少部分的全球智库的工作有独特性和创新性，所以并不能将它们简单地归类为单个议题或者是多议题。它们独特而创新，更倾向于创新和多学科交叉，不羁于以传统的规律、

---

① 参见 Diane Stone. Global Public Policy，Transnational Policy Communities and Their Networks. *Policy Studies Journal*. 2008（1）.

功能和地域来归类。这些智库通常在一个独特的研究主题下，形成所有的成果产出，或者采用不一样的方式对主题进行研究。

学者们认为，两个主要的位置趋势适用于以上所定义的三个研究类别。两个趋势——“祖国偏好”和“地域决定焦点”——虽然从字面上已经很好理解了，但实际上却需要进行诠释。前者指出，不管研究的焦点是什么，智库会把它们的研究倾向于自己的祖国，或者是它们所在的国家（一般是总部所在地）。这表明，有着多国观点的跨国智库还未真正形成。卡内基国际和平基金会与联合国大学全球政策项目也许是这种情况的两个例外。后者的趋势表明，在许多非绝对情况下，智库所在的位置通常决定它们的研究焦点。

当全球智库有着“本国偏好”——大多数组织或多或少有一些——这简单地意味着，尽管它们的研究是全球化，但研究的重心更偏好于本国的特定领域。这些偏好的强度是变化的。一些国际智库根据全球趋势如何影响本国或如何影响其他区域而开展整体研究。另一些可能研究领域具有真正的全球化和不偏不倚，同样也对本国议题有所贡献。学者们认为，该偏好并非是负面的，因为这是天生的，而且不会被减少。

地域决定焦点的趋势具有连续性，但并不具有全球性。这一趋势意味着，与研究中偏重祖国相比，智库受地域和地理位置的影响更深。由此，智库的地理位置可能是整个研究的关键决定因素。如下诠释也许能说明这一趋势：智库是因解决面向特定地区问题而生的，所以当它们走向全球化时，它们的研究仍关注于它们最初的地区。

学者研究表明，很多全球智库习惯于将其研究限定在单议题领域，无论多广泛，总有一些原因。这些原因可能是纯财政的，如果研究集中于单一议题区域而非多个主题的，更容易受到保障和获得一个资金网络。同样，关注单议题被认为可以提升整体的效率和效力。由此，假如一个全球智库把自身看作是一个单议题的智库而不是将其研究领域扩展到不同的兴趣范围，其在全球公众政策中可能具有更强的影响力。

思想是伟大的，但在一个多元化和信息全球化不断增强的世界，好的理念可能会丢失。政策决策者经常苦于“信息爆炸”而非信息匮乏。这个问题反映在智库自身的组织和研究重点上。尤其是，信息爆炸可以是决定一个趋于全球化的智库选择追求单议题还是多议题的重要因素。在政策提议、方案或建议过程中，由于信息过量，而且没有简单的方法去有效传播那些及时准确的信息，智库会感觉到受限制，因而选择单个议题。基于该假设的前提是，集中于单一议题使所述智库可与那些意图获得政策决策者注意的、来自国际组织或其他倡议团体的声音更有效地开展竞争。由此，对于把单一议题作为主要的研究议程或焦点，会更加有助于保证其对于政策决策进程形成影响的信念，将抑制多议题全球智库的增长繁衍。

无论如何，各种国际或全球智库还有许多的多样性。它们存在很多共性，例如全球挑战和机遇，以及影响政策进程和全球公共政策这一总体目标。下一部分将会阐述全球智库如何在这些方面发挥作用从而追求其目标。为此，需要观察一些经过挑选的全球智库和一个区域性的智库，来阐释之前所定义的界限如何交融在一起，从而将全球智库转变为一个政策研究、倡议，政治的附属和学术研究机构的混合体。①

（二）智库网络的角色和作用分析

显而易见，通过考察可以发现，这些智库网络是不可分割的实体，可以为智库提供形形色色的服务。通过回顾各智库网络的使命、组织和资金结构、活动、出版物和附属机构，学者们确定了这些网络的作用是：（1）增强它们从属智库的财政稳定性；（2）提高智库传播研究成果和政策方案的能力；（3）提供组织和管理方面的咨询服务；（4）促进信息交换，并促进智库完成其目标。智库网络通过这四种普遍服务来加强其成员的能力。

---

① 参见〔美〕詹姆斯·麦甘恩、理查德·萨巴蒂尼著，韩雪、王小文译：《全球智库：政策网络与治理》，上海交通大学出版社 2015 年版，第 101—108 页。

1. 财政支持

鉴于孤立运营的智库通常会遇到资金问题，上述列举的网络通过多种多样的捐助和维持长期捐助者，提高它们附属智库寻求资金、维持捐助者和多元化捐助的能力。比如，阿特拉斯基金会的指导重点包含了这样的目标，“在组织的建立和成长中发展和支持优秀企业家，以便加速（阿特拉斯的）使命”和“将潜在的资金机会提供给机构”。此外，阿特拉斯通过向新的创新型机构和项目提供长期财政资源来激励它们的研究，从而对其进行监测，以保障成功完成任务。

全球发展网络同样也提高其地区性附属机构的财政稳定性，其方法是为这些机构营造更雄厚的资金基础。已有 19 个捐赠者为全球发展网络提供财政支持，不限于世界银行、国际货币基金组织、美国国际开发署、英国国际发展部、瑞士发展与合作署、瑞典外交部、全球发展部，以及日本财政部等。所以，那些可能自身面临资金匮乏挑战的附属型智库，通过加入全球发展网络则可提高它们的财政能力。

2. 加速传播

网络具有相当高效的快速传播的能力，并通过为合作智库提供更广泛的受众，增加其合作对象的影响力。此外，网络通常为区域性或国际机构所认可，因此其附属智库的声誉也有相应的提升。对于前者，四种网络观察表明，通过它们的活动和研究报告，在一致的基础上传播其研究成果和政策计划，其受众范围较广，这其中甚至包括与之合作的国家、地区和国际民间社团。

因此，阿特拉斯基金会将传播作为其总体目标的关键要素。它声明“支持向目前和潜在的舆论领袖传播成果”是有必要的。它的季刊《要闻》（*Highlights*）就用于发布智库的研究成果并将其传播给更广泛的受众。阿特拉斯坚信，“建立独立的智库，进行并传播可靠的、公正的研究，是在理念思潮中影响长期变革的最好方法”，它的网络优先反映了这种观点。

全球发展网络拥有类似的目标。它成立于 1999 年 12 月，追求的目标是“产生并分享知识，提高研究水平，在连接思想和政策中架设桥梁”。为此，该机构开展了“促进本地知识的应用”及“在全球范围进行相关的政策研究”。最终，它借助学术报告和智库刊物的在线数据库（GDNet）对国家智库的研究和政策建议进行地区性或全球性宣传。

目前，该数据库编撰了超过13份研究论文并为16000位订阅者分发时事通讯。此外，“向公众和决策者传播知识”是它的主要目标之一。

综上所述，这些目标的作用是提高其合作智库的传播能力，将全球发展网络的研究成果传播给外部的受众，并吸引国家决策者的注意力。

3. 组织和管理建议

网络能力建设的价值之一是提供组织指导，以支持和维系它们的附属智库。四种网络中三种网络的出版物和目标都反映了这一宗旨。特别是，阿特拉斯基金会的工作是“在全球范围内发现、发展和支持全球精英，拥有建立公共政策机构和项目的潜力，这有助于扩展（它们）的视野；以及在机构和项目发展过程中提供持续的支持”。这一志向也同样体现在七个中心目标中的两个——“鼓励和支持机构领导和工作人员发展管理、领导和筹款技能”以及“鼓励机构营造吸引精英和能挽留人才的工作环境”。所以，为新兴智库投入资源和监测其发展是网络的主要活动。最后，阿特拉斯建议为“年轻的智库和机构”主办研讨会和网络活动，设立管理奖项目（Administer Prize Programs）并承接为当地机构引入更多资源的项目。

与此类似，全球发展网络遵循非层次的组织结构，这使得它能够协调和支持多个机构的工作，促进信息分享，为智库的发展提供更具传导性的架构。通过这些努力，全球发展网络期待能够提升智库的研究能力，并由此巩固其使命和国际地位。

4. 信息共享

网络提供的最后一项服务是促进信息在各合作智库中共享。智库的主要目标是进行研究和分析，其结果力求简洁、及时、精确并且与决策者和公众密切相关，网络提供信息交换的能力增加了这些价值。

因此，本章所考察的四种网络将信息共享视为中心目标，即努力提供和传播可信的、有价值的政策建议。尤其是，阿特拉斯基金会将它列为七大中心目标之一："通过网络、出版物和会议，将同行的工作进度汇报给机构。"此外，阿特拉斯寻求参与学术研究的机会，以期通过由学者参与的"以大学为基础的成果"（University-Based Effort）项目来提高公众知名度和学科间交叉。阿特拉斯试图通过这一项目，以及使用出版物和会议对信息进行传播来鼓励智库成员和政策决策团体，提高政策辩论的质量。

全球发展网络也有类似的目标。其座右铭是"更棒的研究、更好的政策、更美的世界"，目标是"促进研究者和决策者之间的知识共享"和"促进跨学科交流与合作"。其实现方式体现在三类伙伴关系中——区域网络合作伙伴、合作机构以及捐赠者——它们都通过研究项目和活动进行合作，因此促进了不同智库和捐赠者之间的交流。此外，全球发展网络通过上述活动，以及通过在线数据库提供学术报告和文章寻求与政策决策者的合作。

学者们通过对阿特拉斯经济研究基金会和全球发展网络的调查发现，这些组织无疑在智库的筹资和能力建设中发挥着不可或缺的作用，不但提高了这些机构在国家、区域和国际上的声誉，也促成了更明智的政策对话。因此可以断言，网络能够提升其智库成员的能力。①

三、全球智库和智库网络的典型案例研究

（一）智库全球化的典型案例研究

作为在某一国家建立的智库而又在国外设立分支机构，最早的当推卡内基国际和平基金会。两次世界大战期间，它就曾在巴黎建立了

① 参见〔美〕詹姆斯·麦甘恩、理查德·萨巴蒂尼著，韩雪、王小文译：《全球智库：政策网络与治理》，上海交通大学出版社 2015 年版，第 84—88 页。

其欧洲中心，后来又迁往日内瓦。之后，随着国际关系重心的转移，该会决定关闭其在国外的分支机构而返归美国。闻名遐迩的美国兰德公司，除了它设于加州圣莫尼卡的总部及其在华盛顿、纽约和匹兹堡的分部外，还在荷兰莱顿设有欧洲总部，并在德国柏林和英国剑桥设有分支机构。

另一家美国智库阿斯彭研究所（The Aspen Institute）也类似，它有数个国际性的附属组织，旨在延伸该所的网络和运作方法，使得来自世界各地的领袖人士能环绕阿斯彭研究所的会议桌参与思想的对话，以便针对各种关键性问题获取全球性的视野。阿斯彭研究所的柏林分支建立于1974年，是它最早的一个国际中心，宗旨是研究和推进有关当代各种重大问题的思想理念，尤其致力于促进对欧美关系和欧洲所面临挑战的讨论。法国的阿斯彭组织曾着重就西欧—日本关系和欧洲与非洲的关系举办会议和讨论，该中心自1994年起设于里昂。阿斯彭意大利分部建立于1984年，主办阿斯彭欧洲对话，聚焦于欧洲统一进程，还组织各种圆桌会议等。1992年，阿斯彭日本理事会得到建立，研讨全球领导作用、日美经济与政治关系等问题。此后，阿斯彭又扩至马德里、布加勒斯特等地。

由上可见，早先的智库国际化现象在范围上无不以美欧为中心，有些时候也扩及日本，在地域上仍是有限的，这基本反映了到那时为止的全球力量对比。

而21世纪的智库全球化现象方面，卡内基国际和平基金会领风气之先，号称自己是“第一家全球性智库”。所以有学者以它为例进行了相关研究。

2007年2月，卡内基国际和平基金会提出了其“新愿景”，重新定义自己的作用和使命，目标是成为第一个全球性智库。为此，它谋求在10年间进一步筹集4500万美元资金。继1994年在莫斯科设立卡内基中心后，该会于2005年扩大到了中国，次年又扩大到中东，在黎巴嫩首都贝鲁特建立了其中东中心。不久，又在欧洲“首都”布鲁塞尔设立了一个中心，因为“与欧洲合作对于实现美国的外交政策目标是至关重要的”。这样，经过20世纪80年代的收缩，而把资源集中于华盛顿之后，该会于90年代成功出击莫斯科。进入21世纪后，卡内基国际和平基金会进一步走向世界，并把自己的发展目标确定为“全球性智库”。

走向全球的速度仅次于卡内基国际和平基金会的是布鲁金斯学会。2006年，布鲁金斯在中国北京设立了其中国政策中心，稍后又在卡塔尔首都多哈设立了其中东中心，从而在东亚和中东两个重要地区保持该机构的“前沿”存在。显然，这种地域选择不是随意作出的，而是经过精心考虑的。对此，英国《金融时报》指出，推动美国的国家利益，更好地了解世界，抓住经济全球化的良机，谋求解决诸如全球变暖、能源安全等共同问题，寻求其他资金来源——所有这一切都是它们向全球扩张的理由。①

瑞典的斯德哥尔摩国际和平研究所（SIPRI）建所伊始就以其国际性为标榜，它的定位是所址设于斯德哥尔摩的一家国际性研究所，而非一家瑞典的研究所，主要从事军控、不扩散及和平研究。迄1996年建所30周年之际，该所自豪地宣称从未任命一位瑞典人担任其所长；除董事会主席外，董事会的多数成员和大多数研究人员都来自其他国家。这一情形从那时至今亦然。进入21世纪后，斯德哥尔摩国际和平研究所也加入了“国际化”的潮流，分别在布鲁塞尔、北京和华盛顿建立了分支机构、代表或相关组织。2009年3月，该所在布鲁塞尔新设办事处，与“国际安全信息服务网”（ISIS Europe）共享办公场所。时任该所所长的美国人季北慈称，“这一办事处将是一个有用的平台，以支持研究所与欧盟各机构和官员日益增长的互动，以及与布鲁塞尔更为广泛的政策共同体的互动”。此外，该所又任命琳达·雅各布森女士为新设立的中国与全球安全项目的高级研究员，2009年3月13日起开始工作，常驻北京。从1998—2009年，雅各布森服务于芬兰国际事务研究所（FIIA），为该所资深研究员和中国项目主任。迄

① 参见《美国政治中心打出自己的品牌走向世界》，《金融时报》（英国）2007年2月6日。

那时为止她已在中国生活和工作 15 年以上。但为时不长，雅各布森又于 2010 年受聘转往澳大利亚悉尼的洛伊国际政策研究所（Lowy Institute for International Policy）任职，所留遗缺由他人填补。也是在 2009 年，SIPRI 又建立了“斯德哥尔摩国际和平研究所美国同友会”，一个以华盛顿为基地的非营利组织，它的职责是与 SIPRI 及其他伙伴合作，努力在紧迫的全球安全、稳定与和平问题上扩大跨大西洋的理解和共同点。

卡内基国际和平基金会、布鲁金斯学会和斯德哥尔摩国际和平研究所这三家知名智库的举措，可以说是 21 世纪智库国际化趋势的代表。稍早之前，总部设在伦敦的国际战略研究所（IISS）于 2001 年 7 月在华盛顿设立分部（IISS　US），成为在美国哥伦比亚特区注册的免税非营利组织。它在美国代表伦敦战略所，其开展的活动包括与战略研究界和政府部门保持紧密联系、联络媒体、为战略所在美国的个人和公司会员提供服务。其目的是把伦敦战略所的国际视野、接触面和各种项目带给美国各界相关人士，为其提供和打开一扇更大的战略辩论之窗。其实，它还有另一项重要职责，即为该所筹集一定的资金。立足于美国首都华盛顿，该机构还就地区安全和相关政策议题设立自己的研究议程。

几乎与此同时，伦敦战略所又于 2001 年 9 月在新加坡设立分部（IISS-Asia），负责在亚洲的工作。在该所看来，尽管亚太地区总体上活力十足，日趋繁荣，但面临重要而广泛的多种安全“挑战”，因而成为战略所日益重要的关注焦点。此外，该所有 1/3 的会员分布在亚太地区，关于亚太的研究在该所的研究项目和出版物上正占据越来越显著的位置。通过在新加坡设立分部，战略所欲表明自己认真致力于在这一地区的工作，密切与亚太地区会员的关系。2002 年，它首次召开了亚太地区各国防务首脑或官员会议，从而开启了一个重要的防务外交试验。此后，这一亚洲安全会议均于每年 6 月在新加坡香格里拉酒店举行，因而得名“香格里拉对话”（尽管更正式的名称为亚洲安全峰会），成为一年一度亚太各国国防部长或高级防务官员、外交界人士工作日程上的一项重要安排。

伦敦战略所亚洲分部的人员虽不多，但很快便发挥了多种功能，包括为当地防务官员及战略所个人和公司会员组织系列研讨，由来访的战略所研究人员、安全领域优秀的分析家或有关政府官员主讲。战略所准备进一步扩展其亚洲分部的活动，建立与该所总体研究和出版重点紧密相关的、基于新加坡的研究项目。由亚洲分部开展的研究将不仅关注亚洲地区而且也关注其他地区的相关战略与安全问题。这方面典型的问题包括与中东有关的亚太问题，诸如核扩散、能源安全和海洋事务等，包括在新加坡或其他亚太国家举行战略所的各种会议。

在先后于华盛顿建立美国分部和在新加坡建立亚洲分部并运作 9 年后，伦敦战略所又建立了它的中东分部。此前，战略所已发起了以海湾国家巴林首都命名的高层次安全会议“马纳马对话”，以及巴林地缘经济全球论坛，在此基础上，战略所欲在中东地区建立其更显著的存在。2010 年 5 月 14 日，在巴林政府支持下，战略所中东分部正式开张，该所所长约翰·奇普曼出席仪式并介绍该所。巴林外交部长认为，该分部的建立具有三个意义。第一，分部是伦敦战略所在中东地区工作的中心。独立、高质量的研究和分析，更不用说与贵宾、思想者、商界领袖坦诚的讨论，不仅对巴林外交部思考地缘政治和战略问题具有重大价值，而且对其他各部、政府机关、学术机构和广大公众也是如此。第二，战略所中东分部将为“马纳马对话”所进行的工作增添动力，该会议已是地区安全外交的一根支柱，而巴林全球论坛则更深入地探讨经济与安全之间的关系，这是当前及今后的一个及时课题。第三，通过“蹲点”，使其沉浸于一个特定的专门领域或外交政策的新国际环境，战略所能够成为年轻外交官、未来的大使和决策者的一个有效孵化器。所有这些，当然都需要相应财力的支撑，而巴林政府正是为该所提供了资金上的支持。

此外，与斯德哥尔摩国际和平研究所类似，伦敦国际战略研究所从早年开始就强调其人员构成的国际性，这正是其名称中的“international”一词的主要所指，这一点依然在保持和延续着。

如果说国际化是智库发展一个显著趋势的话，那么跨国性智库的出现又是一个相关的新现象，欧洲对外关系委员会（The European Council on Foreign Relations，ECFR）就是其代表。ECFR 是第一家泛欧智库，成立于 2007 年 10 月，其目标是就制定以“欧洲价值观”为基础的对外政策在全欧开展研究，促进各种讨论和辩论。该会的战略包含如下三个指导该会开展活动的要素：

首先，作为一个全欧委员会，ECFR 汇聚了 100 多名杰出人士，其中包括政治家、决策者、思想家和企业家。他们来自欧盟各成员国及候选国家，每年召开一次全体会议。通过地域和主题特别班子，委员会成员就政策思想为该会专职人员提供建议和反馈，帮助该会在他们各自的国家开展活动。迄 2015 年 2 月，委员会由芬兰前总统阿赫蒂萨里（Ahtisuari）、德国前外长菲舍尔（Fischer）等担任共同主席，此后由意大利前外长艾玛·博尼诺（Emma Bonino）和瑞典前首相卡尔·比尔特（Carl Bildt）继任共同主席。

其次，ECFR 在主要欧盟成员国保持实体性存在，在柏林、伦敦、马德里、巴黎、罗马、华沙和索菲亚设立了办事机构，这在欧洲智库中是独一无二的。未来还可能在别的欧洲国家首都设办事处。各分支机构都是开展研究、辩论、公关和沟通的平台。

再次，作为一个与众不同的研究和政策开发过程。ECFR 从欧洲各国汇聚了一支杰出的研究人员和实践者队伍，通过以欧洲为焦点的创新性项目推进其目标。其活动包括开展第一手资料的研究、发表政策报告、组织关门会议和公开辩论、在欧洲各国首都举行“ECFR 之友”聚会、与重要媒体互动合作等。ECFR 的资金支持来自欧美有关基金会和公司。它常与其他组织一起，作为合作伙伴携手工作，但不向个人或机构提供资助。

欧洲对外关系委员会试图通过泛欧方式追求政策研究和建议，意味着它从常见的在一个特定国家框架内运作的国家性限制中摆脱了出来。在这一意义上，它能够从如何有利于整个欧洲考虑来提出解决办法和各种建议，它的组织形式是跨国的，思维方式也是跨国的，这就不同于从某一国家出发的，或作为某一国家智库的工作和思维方式。这种跨国性赋予了它与众不同的特点。

（二）智库网络化的典型案例研究

网络化指的是多家智库之间跨越国界而建立起联系网络。学者们对智库网络化的研究也比较丰富，比如对于名为“The Council of Councils”组织的研究，这个组织名称用中文可以勉强称为“各委员会的委员会”，其成员智库包括澳大利亚的洛伊国际政策研究所、比利时的欧洲政策研究中心、巴西的赫图里奥，巴尔加斯（Getulio Vargas）基金会、加拿大的国际治理创新中心（CIGI）、中国的上海国际问题研究院、埃及的政治与战略研究中心、法国的法国国际关系研究所、德国的科学和政治基金会（SWP）、印度的观察家研究基金会、印度尼西亚的战略与国际研究中心、以色列的国家安全研究所、意大利的国际事务研究所、日本的言论 NPO、墨西哥的墨西哥对外关系委员会、尼日利亚的尼日利亚国际事务研究所、波兰的波兰国际事务研究所、俄罗斯的当代发展研究所、新加坡的拉贾拉南国际研究学院、南非的南非国际事务研究所、韩国的东亚研究院、土耳其的全球关系论坛、英国的皇家国际事务研究所（Chatham House）和国际战略研究所（IISS），以及美国外交关系委员会。

由于这一网络是由美国外交关系委员会发起的，因此该网络的名称也带上了外交关系委员会的特征。具体而言，它开始于由 CFR 发起的一个国际性的倡议，旨在把世界各国的外交政策研究机构联结起来，对全球治理和多边合作的有关问题共同展开讨论。该网络为自己确立的使命是寻找到针对共同威胁的共同认识，建立对创新性思想的支持，并在成员国家的公共辩论和政策制定过程中植入这些改进和修正。该网络的创会成员是来自 19 个国家的具有影响力的机构，大致跟 20 国集团的成员国相对应。该网络试图在来自守成大国和新兴国家的有影响的意见领袖中促进坦诚而互不援引的对话，力争建立共识。

除了一年一度的会议外，该网络提供成员间研究问题和政策合作的实时交流。CFR 及其伙伴努力试验新技术，使用视频会议、手机平台等实现集体沟通，对突发危机做出反应。该网络也拟考虑长期的结构改革问题，以促进提高主流国际机构的全球治理能力。

亚洲也出现了智库网络化的发展趋势。较早形成的是由东盟各成员国各一家智库建立的东盟—ISIS 网络①，而最具代表性的则是在东盟“10＋3”（中、日、韩）的框架下成立的东亚思想库网络（Network of East Asian Think—tanks，NEAT）。

“东亚思想库网络”是“10＋3”东亚区域合作机制中第二轨道外交的一个活动平台，是“10＋3”东亚国家领导人会议正式认可的学术交流与研究机制。其宗旨是，整合东亚地区的学术力量，加强思想和研究的交流，为推动东亚合作提供智力支撑。具体来说，就是要通过建立东亚国家思想库之间，以及政府和企业界的网络化联系，形成政、学、产三方互动，共同研究东亚合作面临的重大问题，形成推动东亚区域一体化的战略性思路和具体的政策建议，并向“10＋3”领导人会议报告研究成果。它的由来是，2002 年下半年，作为东亚区域合作机制第二轨道的“东亚研究小组”（East Asian Studies Group—EASG）形成了一份最终研究报告，详细提出了关于推动东亚更加紧密合作的 17 项短期措施建议，其中一项建议就是在“10＋3”东亚区域合作框架内建立一个“东亚思想库网络”。该报告提交给了 2002 年 11 月在柬埔寨首都金边举行的“10＋3”领导人非正式会议，并在会议上正式获得通过。会上，中国主动认领了这项任务，落实“东亚思想库网络”的建设，这一举动得到了东亚国家领导人的一致认可。

2003 年初，中国完成了建立“东亚思想库网络”的国内行政审批手续。在 6 月召开的“10＋3”外长会议上，中国正式提出了“东亚思想库网络概念文件”，并提供了中方参加网络的成员名单，还推荐“中

① 参见沈鑫、冯清云：《东盟第二轨道外交智库——东盟战略与国际问题研究所的缘起、成就与挑战》，《东南亚纵横》2011 年第 5 期。

国亚太学会”担任思想库网络协调员的工作。“东亚思想库网络”协调单位现为中国的外交学院，协调员为该院院长或常务副院长，学院下属的东亚研究中心，负责网络的实际工作和日常事务。

“东亚思想库网络”的结构为：其成员是“10＋3”东亚合作机制的成员国，包括东盟国家的文莱、缅甸、菲律宾、印度尼西亚、马来西亚、新加坡、泰国、老挝、柬埔寨和越南，以及中国、日本和韩国。具体参加者是各国发挥思想库作用的学术机构。中国的外交学院和泰国的法政大学为该网络的中期协调员，负责整个机制的联络与协调工作。每个国家有一个国家协调员，负责其国内思想库的协调工作，并与中期协调员直接联络。

“东亚思想库网络”的具体活动有如下几方面：（1）举行“东亚思想库网络”成员单位的年会，促进东亚国家思想库之间的直接交流，通过对东亚地区一体化进程中重大问题的研究，形成年度研究报告，提交给“10＋3”东亚领导人非正式会议。（2）建立“东亚思想库网络”的网站，使之成为官方和学术界沟通的桥梁、学者间交流关于东亚研究成果的渠道，以及面向东亚公众传播东亚知识的平台。（3）不定期地召开关于东亚区域合作的专题国际学术研讨会，推动关于东亚区域一体化和地区共同体建设的理论研究，促进东亚区域合作的理论框架、战略性思维和具体政策的形成。（4）就东亚区域合作面临的重大问题，以工作组的方式进行专题研究，提出解决问题的思路和办法。（5）与其他东亚地区第二轨道机制相互协调，形成推动区域合作的合力。

东亚・东盟经济研究中心（ERIA）则是另一种国际性的网络，以日本为主出资而建立于印度尼西亚首都雅加达。可以说，ERIA是在东亚区域经济一体化进程中应运而生的。随着建设东亚共同体被确立为东亚合作的长远目标，日本于2006年提议设立东亚・东盟经济研究中心。次年11月，第三届东亚峰会举行，同意设立ERIA。2008年6月3日，该研究中心正式成立，来自东亚峰会16个成员国家的理事出席了成立大会，越南中央经济管理研究所所长当选为理事长，秘书长由日本的西村英俊出任。

ERIA是国际性研究机构，为满足首脑会议、部长会议的政策需求提供具体政策建议。该机构以高水平研究为指向，通过产业界、官方和学术界三方面进行政策讨论，进而促进与市民社会的相互理解。研究中心还致力于缩小区域内经济差别，提高发展中国家的政策立案和研究能力。

该机构定位为东盟以及东亚地区的公共财产，构筑经济领域研究的共同平台，同时与世界上优秀的研究机构和国际机构合作，使区域经济一体化向世界开放。

ERIA为东亚地区经济发展献计献策的努力，在正式成立之前的筹备阶段就已开始，其中有两个研究项目的工作颇获佳评。一项是“东亚区域能源安全保障”，另一项是“东亚经济一体化的路线图”。第一项研究报告于2008年8月7日提交给在泰国举行的东亚能源部长会议。会议的评价是：部长们从报告测算的能源需求展望中，认识到有必要进一步提高能源效率和加强能源保存；部长们期待ERIA继续调查研究，对能源政策提出有价值的建议。第二项研究报告于2008年8月28日提交给在新加坡举行的中国与东盟经济部长磋商会，该会议的评价是：部长们对ERIA的研究活动表示欢迎，期待今后对于经济一体化的深化、缩小经济差别、可持续开发等提出实用性的政策建议。特别对东亚产业大动脉构想表示欢迎。部长们同意把ERIA的研究成果向东亚首脑报告。①

除了上述规模较大的智库网络以外，还有小型的网络，一般是某一个国家的两三家智库相互之间的联手，可视为小型的网络化。2007年，日本国际问题研究所（JIIA）、和平安全保障研究所（RIPS）和世界和平研究所（IIPS）三家重要国际事务智库组成了日本战略研究机构联盟（AJISS），出版英文电子刊物《AJISS评论》。在美国，则有

① 参见于青：《为东亚发展献计献策——访东亚·东盟经济研究中心秘书长西村英俊》，《人民日报》2009年2月23日。

布鲁金斯—美国企业研究所（AEI）管制研究联合中心，以及城市研究所—布鲁金斯税收政策中心等。

（三）中国智库展现国际性作用分析

随着中国国际地位的提升和其智库的成长发展，中国在智库网络化进程中正在扮演着比过去大得多的角色，在思想的世界中产生着某种平衡乃至一定的引领作用。所以学者们对于中国智库展现国际性作用的分析也逐渐增多。

2009 年 7 月，在全球金融危机震撼世界的背景下，首届全球智库峰会在北京举行，峰会的主题为“全球金融危机与世界经济展望”，主办此峰会的是 2009 年 3 月间新成立的一家智库“中国国际经济交流中心”（简称“国经中心”，英文缩写为 CCIEE），这大约也是第一次以全球智库峰会名号召开的国际性会议。

中国国际经济交流中心是经中华人民共和国政府批准成立的国际性经济研究、交流和咨询服务机构，是集中经济研究领域高端人才并广泛联系各方面经济研究力量的综合性社团组织。中心由国家发展和改革委员会主管，前国务院副总理曾培炎出任国际经济交流中心理事长。为了降低当时全球金融危机对各国经济的不利影响，早日实现复苏，在首届全球智库峰会上，该中心提出了四项倡议：

第一，智库应当发挥积极作用，为决策机构提供科学及公正的公共政策分析、建议，为公众提供科学及易懂的政策分析及信息，并提供客观的政策实施评估及新政策效果预演。

第二，智库应对影响全球经济和金融的重大问题，开展跨国界的，为促进人类共同及长远利益为宗旨的战略研究，提供更多切实有效的全球危机预防及解决方案。

第三，为提升智库对公共政策的影响力，智库应在促进各经济体的政策协调、引导对经济形势的合理公共预期等方面，发挥更好的作用。

第四，全球智库之间，应展开更有效的交流与合作，通过项目合作、人员和信息交流以及研讨会，逐步建立起全球智库之间更紧密的跨国合作机制。

国经中心希望，在应对全球金融危机、安全问题、健康问题、气候变化及极端贫困等问题的挑战中，全球智库之间的合作可以带动人类为追求共同利益的合作行动，为更好地实现明天的人类目标作出贡献。2011 年 6 月，第二届全球智库峰会在北京召开，全球多家智库精英围绕“全球经济治理：共同责任”这一宏观而难解的课题展开了讨论。共有来自超过 23 个国家和地区的中外知名智库代表、专家学者、各国驻华使节、包括全球 500 强企业在内的中外企业家代表等 800 余人出席会议。2013 年 6 月，国经中心又召开了第三届全球智库峰会，中心理事长曾培炎称，解决当前和未来人类面临的一系列重大问题，不仅需要各国政府共同努力，也需要各国智库提供智力支持，在谋划未来、提出主张、解读政策、引导舆论等方面发挥更大作用。各国智库应站在为世界各国和全人类谋福祉的高度，发挥智慧密集的优势，针对全球政治经济社会领域重大问题，提出富有前瞻性、建设性的方略和措施，以更好的思想产品促进世界各国发展与合作。包括美布鲁金斯学会董事会主席约翰·桑顿、欧洲政策研究中心主任丹尼尔·格罗斯等在内的智库代表出席论坛并发表了演讲。

中国的地方行政主体也在跨国网络的形成中发挥了建设性作用。2010 年 6 月，“泛北部湾智库峰会”在广西南宁市举行。来自泛北部湾地区及东盟地区的中国、新加坡、越南、马来西亚、菲律宾、泰国、印度尼西亚等国的 12 家智库组成了一个网络，共商区域合作发展大计。

这 12 家智库是：综合开发研究院（中国深圳）、中国广西北部湾发展研究院、新加坡国立大学东亚研究所、越南中央经济管理研究院、越南社会科学院、越南计划与投资部发展战略研究所、马来西亚战略与国际研究所、亚洲策略与领导研究院、马来西亚经济研究所、菲律宾发展研究院、泰国发展研究院以及印度尼西亚战略与国际研究中心。在会上，这 12 家智库机构发表了《“泛北智库峰会”成立宣言》。该宣言倡议发起建立“泛北智库峰会”国际会议组织（PTTF），作为中国—东盟各国智库机构进行思想互动、文化融合、信息交流、友好往来的平台。“泛北部湾智库峰会”将定期举办，并对国际或区域性的重大问题提出可行性建议，成员机构之间信息共享，在区域经济研究课题方面进行合作研究，加强合作机构之间的人员交流等。① 新诞生的泛北部湾智库峰会组织，是区域经济一体化进程催生的为这一进程提供智力支持的智库网络。

此外，中国大学的学术机构也开始在智库网络化的进程中崭露头角，其中较有代表性的一例是大学研究机构发起并举办的20国智库研讨会。

2013年8月，由中国人民大学主办、该校重阳金融研究院承办的“大金融、大合作、大治理”国际智库研讨会在北京举行。来自20国的智库代表发布了该网络的首个《20国智库共同声明》，声明认为，全球经济虽然显现复苏势头，但仍然面临一系列挑战，缺乏稳健的新增长点。20国智库呼吁，20国集团应密切关注金融市场和国际货币体系。20国智库承诺将把“防范金融市场的过度杠杆化”等13个领域作为重点研究、合作的问题。声明同时宣布，20个国家或区域共同体的智库将着手组建G20智库年会机制。来自美国、欧盟、金砖国家、韩国、日本、拉美、中东等20个国家和地区的26家智库代表出席。② 这是中国学术机构首次召开的20国智库会议，就稍后两周将在圣彼得堡举行的G20峰会提出了诸多见解，且还难能可贵地通过了一份20国智库共同声明，显示了中国智库一定的号召力和国际影响力。

显然，目前国外学界的研究表明，智库的国际化和网络化这两大趋势，是21世纪全球化进程进一步发展和加深的产物。全球化催生了智库的国际化和网络化，智库国际化和网络化是全球化在政策研究领

---

① 参见《泛北部湾智库峰会组织成立》，《人民日报（海外版）》2010年6月10日。

② 参见姜春媛：《20国智库发布联合声明：全球经济缺乏稳健的新增长点》，http://rdcy-sf.ruc.edu.cn.

域中的反映。其中，国际化通常表现为财力雄厚的智库在空间上的延伸扩展，它们有能力和愿景把自己的触角伸向距离遥远的地区。而信息和通信技术的进步又大大便利了这一发展，它使身处世界不同地区的人们进行实时对话成为可能。视频会议使人们虽然远隔万里但能实时沟通交流讨论，智能手机的普遍使用使人们一机在手便能随时随地对话，等等。这种国际化趋势，仍反映了西方智库的强势地位，反映了其颇为强大的影响力和辐射力。与此同时，它们还能借他国（如前述及的东南亚国家新加坡、海湾国家巴林等）之力而能为其所用，本身就是一种软实力的体现。以欧洲对外关系委员会为代表的跨国化则是欧洲一体化在智库发展方面的折射。伴随着欧洲一体化的深入，可以预计智库的跨国化也会在广度和深度上有所发展。

智库发展的两大趋势也是全球治理的需要在思想界的反映。众多跨越国界的乃至全球性公共问题的存在，不断呼唤全球治理的加强。这一状况和情势，是过去未曾有过的。全球公共问题的为数众多和广泛存在，日益需要并要求各类智库和研究界提出新思想、新创意、新举措。这些共同的问题和挑战，也促使各国的智库走到一起，共同探讨，共同摸索，从而推动了智库网络化趋势。如果说国际化更多地反映了西方智库的强势状态，那么，网络化则更多地反映了各国智库间一种相对平等的地位。新兴国家正在快速崛起，西方智库已不能无视这一客观事实。伴随着新兴大国力量的上升，它们所主张的思想也将崛起，二者的发展速度虽然并不一定同步而是有快慢，但二者间存在着这种关联性恐怕是没有疑问的。

中国崛起的过程也必将是中国智库崛起的过程。这一势头实际上正在世人面前呈现。中国国际经济交流中心以及以清华大学中国国情研究院、北京大学国际战略研究院（前身为国际战略研究中心）为代表的若干大学智库的迅速崛起就是例证，它们在推动智库网络化的进程中已初试啼声，并有望在未来的岁月中更放光彩。①

① 参见任晓：《第五种权力：论智库》，北京大学出版社 2015 年版，第 300—312 页。

四、全球智库和智库网络面临的挑战和机遇分析

（一）全球智库和智库网络所面临的挑战分析

随着全球化进程的不断深入，智库机构和政策网络将必须进行调整，适应不断出现的新的挑战和机遇。对智库机构影响力的研究为分析智库机构面临的各种挑战和机遇提供了一个基础。① 虽然影响力不同，但是全球智库通常仍然没法完全摈弃其他类型智库和机构的那些局限性和缺陷。除了典型智库面临的那些传统挑战外，跨国智库还面临一系列完全不同的障碍。这些挑战之所以特别不同，是因为它们可以影响这些机构的运行及其在政策决策过程中实现政策影响力这一目标。

根据对全球范围内智库机构的调查反馈研究，结果显示智库机构发挥影响力面临以下主要障碍：缺乏制度支持、难以获得信息、缺少公共资金投入、缺乏技术，以及缺少与政府官员的关系。资金问题是目前提到最多的挑战：接受调查的120家智库机构中75%都提出缺少资金是个严重的障碍。调查显示，地区财富的多寡与资金的匮乏程度并没有必然联系。譬如，拉美地区将资金作为主要问题的比例最低（60%），这是一个很有趣的差异。② 招募和保持合格的人员被众多全球各智库机构认为是另一个重要问题（占33%）。此外，很多机构还认为决定其未来基本的研究方向是一个重大问题，其中东欧（27%）和拉美（47%）地区的智库机构认为未来研究方向是一个重大问题的比例高于全球平均水平。③ 这可能与上述两个地区政策环境的快速变

① 参见 James G Mcgann. Global Trends in Think Tank Impact. Think Tanks and Civil Societies Program. Foreign Policy Research Institute，Philadelphia，2008.

② 参见 James G Mcgann. Think Tanks and Civil Societies 2006 Survey. University of Pennsylvania，2006.

③ 参见 Juliette Ebele and Stephen Boucher. *Think Tanks in Central Europe*. Freedom House.

化有关，使得这两个地区的智库机构都迫切希望凸显其先进的研究议程，以保证其与该领域的持续发展相关。最后，有20个智库机构声称面临维持和提高成果质量的问题。虽然以上这些结果不是针对解决全球智库和机构上独立的公共政策机构所面临的具体挑战和机遇，但指出了这些全球机构在影响全球公共政策的过程中可能在某些环节遇到阻碍。全球智库和政策网络都面临一些类似的障碍，尤其是资金问题。

除此之外，提到的比较少的挑战还包括政府态度、对私有部门的影响、保持中立、制度竞争力和政府透明度等。因此预计，随着私有部门开始在政策制定过程中扮演更加重要的角色，这些挑战当中的很多都会在智库机构新的扩张和合作阶段浮出水面。解决资金问题需要和非中立的机构联手，而智库机构之间对资金的竞争变得越来越激烈。还可推断，机构上独立的公共政策网络所面临的挑战和机遇可能与全球智库有所重叠，但并不一定完全一致。

《2006年智库与民间社团项目》智库调查曾发现，智库机构在测定其有效性方面缺乏系统的方法。在问及有没有系统的有效性指标时，所有地区的大多数智库机构的回答都是否定的；智库机构将“政策制定者”对其有效性的看法作为其政策影响力的主要指标。随着政策问题在全球层面上不断复杂化，全球公共政策所涉及的因素更加发散和涉及多部门，有效性指标成为问题并愈发凸显。因此建议，除了基本职能、合法性问题和研究方向这些挑战外，全球智库和政策网络还要将政策影响分析作为一个特殊的挑战来应对。①

1. 全球智库面临的全球挑战

学者们认为全球或者跨国智库机构在努力影响各种政策制定的过程中所面临的挑战具有全球属性。尽管这些机构的全球属性使其在应对某些障碍时比传统的智库更高效，但是其全球性质也给它们带来了一系列其他的挑战。

① 参见James G Mcgann. Global Trends in Think Tank Impact. Think Tanks and Civil Societies Program. Foreign Policy Research Institute，Philadelphia，2008.

在这些挑战当中，首当其冲的就是资金的竞争。而这些资金常常比期望的数额低，这一情况又进一步加剧了这种竞争。很多时候，智库必须为不断减少的资金展开竞争。这种进退两难的关系给智库带来了一个很有趣的悖论：为了实现其提高公共政策能力这一宗旨，智库机构必须在两个截然不同但又存在交叉的领域开展工作，即资金和政策建议。金钱是最可靠的“兴趣制造者”，确保充足的资金十分重要，会对智库和政策网络产生激励，使其在全球开展下列功能：交流知识（信息功能）、倡议价值观（准则功能）和利益游说（情感功能）。①

智库经费的来源十分多样化。而这些机构的全球扩张在不断加剧资金问题的复杂性。现在并且在未来，项目经费对全球智库都举足轻重。不管怎样，这些机构不断寻求和获得稳定的资金来源，用于人员管理、租金、通信和其他必不可少的开支，这是一个始终十分重要的问题。对于已经实现全球化的智库机构，与建立机构和运行相关的经费开支便成为一个重要的挑战。此外，跨国智库机构还涉及复杂的法律、管理和安置员工等问题。不幸的是，这些全球中心面对的状况却并不一致，因为每个国家都有其不同的资金、劳动力和法律要求。

由于国外资金在全球智库总的财政资源中占有重要地位，因此也就完全不奇怪为什么它们对国外资金的竞争这么激烈。资金和财政上的独立性会带来一系列极其复杂的问题，因为这种独立性常常可以直接影响一个智库机构的可信度及其在困难或者专制政权等糟糕环境中的运作能力。如果一个智库机构准备在另一个国家扩展工作，而这个国家总体财政资源存在严重短缺，那么就可能很难落实私人或国际捐赠。财政支持的限制和缺失阻碍了全球智库机构在他国获得资源，以取代和增加国内资金的能力。另外，有些主权国家常常将智库机构视为完全由外资支持的“外来煽动者”，这也使资金问题进一步复杂化。

因此，智库机构之间对本已稀少的国内资金的竞争日益激烈，有

---

① 参见 Jiri Schneide. Globalization and Think Tanks：Security Policy Networks. SAREM International Seminar. Istanbul. 30 May 2003，pp. 5－6.

时甚至导致没有国外资金便无法运行。另外一些原因，譬如资金提供者的意向突然改变也是可能的。这种资金提供者意向的突变对于运作的持续是一个巨大的风险。在很多国家，独裁政府不允许独立的声音，智库对专制政府提出批评是一个始终存在的风险。甚至对于智库而言，在某些国内传统和体制羸弱的国家，挑战政治上不安全的政府也是一件有风险的事情。

考虑到捐赠者会在智库运行中产生的巨大影响，关于机构独立性的问题势必彰显出来。随着对支持全球扩张的资金的竞争不断加剧，智库机构必须不断寻找新的方法、手段，获得资金建立全球中心。资金紧张的智库可能会发现，在特定国家建立全球中心时，与其他机构结成伙伴合作关系不仅是更好的，甚至是必须的做法。譬如，智库机构可以和一所大学合作，在该国建立公共政策研究中心。虽然这种使扩展经费多元化的做法有助于全球扩张，但是它仍然存在缺乏独立性的隐患。随着智库机构不得不向大学、其他组织机构甚至政府寻求启动和运行资金，其政策客观性和议程纯洁性都可能打折扣，以便反映投资方的利益。因此，这一问题也导致了对提高智库透明度的呼吁，特别是对拥有全球工作中心的智库机构。根据上面提出的理由，这种透明度在总资金或者启动资金问题上显得尤为重要，透明度高可以帮助缓解关于资金提供者影响智库客观性和议程的忧虑。全球智库在海外启动或者建立全球中心的资金来源和使用越透明，其获得的政策分析的相关性、准确性和客观性也就具有越高的可信度。

除了资金提供者的利益对智库政策客观性和议程产生负面影响外，如何处理西方国家的影响，对于任何一家全球智库都是一个十分重大的挑战。目前在国际上具有影响力的机构大多是西方组织，或者至少总部设在经合组织成员国之内。造成这种状况的部分原因是因为智库机构在西方政治体系中具有更悠久的历史。① 由于西方机构对在其他

① 参见 Diane Stone. The New Networks of Knowledge：Think Tanks and the Transnationalization of Governance. *The Social Science Research Council*. September 2008. p. 7.

国家资金运作所投入的资金无论在频率还是在总金额上都远远大于发展中国家向西方国家的投入，因此资金等各种资源都主要集中在西方国家。由于亚洲、非洲和拉丁美洲这些发展中地区的全球智库机构缺少必要的基础设施、税法体系和慈善传统，以支持公共政策研究，因此这些组织转而向成熟的西方机构寻求资金和支持。这种情况不仅如前面提到的增加了对资金的竞争，而且也在总体资金构成上造成了对西方资金的严重依赖。这将可能形成一种挑战，即它们的知识、价值观和利益向其他的政治文化转变和转移。

另外一个相关的风险是被称为“最佳实践暴政”的问题。随着政策建议、政策观点和实践的资金来源进一步国际化，智库机构可能在处理各种政策问题时引入显著的国家或地区观念，譬如在重塑金融产业和养老体制改革方面。然而，这些机构可能会发现，这样的做法很难得到诸如国际货币基金组织等国际金主或者跨国机构的同情和兴趣。在了解这种做法不仅无法激起资金提供者的兴趣，甚至还可能带来更大的负面效果之后，譬如减少对推动“激进”观点的资金投入等，智库机构可能会摈弃哪怕是暗示具有国家特点的政策建议，从而选择更加宽泛的政策方案。这是十分危险的情况，因为采用宽泛的政策方案可能在个别案例中有效，但是常常缺乏地区性或者国家性方案中具有特殊性的成分。虽然有可能成功，但是宽泛的政策方案在解决福利制度等具有特殊件或者地区差异性的问题方面想获得成功，其难度很大。

最后还有一个问题，西方全球智库机构进入发展中国家可能减弱或者抑制这些国家弱小的智库部门的发展和扩展。譬如，如果一个国际机构或者西方政府投资研究如何改革某一发展中国家的养老金制度，那么它很可能更加倾向于雇用其本国而不是目标国家的智库或者咨询公司。前者与目标国家的机构比起来，虽然目标国家机构可能更加了解该国的社会情况，但是投资方可能觉得本国的机构更加熟悉，也有更长的成功记录，并且在专业方面能力也更强，这种情况进一步形成了一个恶性循环。发展中国家的智库机构在自身发展和与国际机构建立合作方面遭遇严重困难，这也进一步促使外国机构在本该由更熟悉情况、更适合的当地机构开展工作的环境下更好地开展工作。

作为全球化的一个副产物，思想市场爆炸式地发展。这一现象可以被视为对思想和理念管理的竞争。随着参与者的不断增加，大到国际组织，小到个人行动，这些参与者都有能力跨国推销其思想和理念，因此，要有效处理和分析来自世界各个角落浩如烟海的信息和创意就变得越来越困难了。不幸的是，完整、全面地考量和分析每一条观点、概念或者信息几乎不可能。因此，持续提升创新理念并始终确保了解和接受这些观点的难度飙升。智库机构不是唯一能够提出先进观点的机构，大学、企业和创意公司也都有政策思考。① 这些类型的企业和机构已经将其影响力和知名度延伸到了全球。全球智库需要不断地面对挑战，对这些竞争对手或者合作伙伴的工作和行动方式进行评估，并且保持自身的政策制定框架，从而在全球传播知识和价值观。

此外，关系的建立也是智库机构维持观念管理及其相关竞争中的关键要素之一。对于全球任何一家智库而言，管理和维持其现有的关系，同时培养和建立其扩展领域中新的关系，这一双重任务是一项贯穿始终的挑战。然而，这中间还存在一个问题——其他一些成熟、具有根基的企业和组织机构可能已经牢牢控制住了相关领域的重要关系和合作伙伴。

尽管一个智库机构的实体扩张可能是由特定的政策或者政策制定者对具体地区信息需求所驱动，全球智库依然面临其全球扩张战略带来的无数个挑战。决定进入一个新的地区，其后果可能是面临资源的大消耗，在新地区缺乏可信度，无法收集所需信息，或者无法影响公共政策。此外，全球智库机构还必须了解它们选择建立全球中心的地区如何看待它们作为全球智库的“形象”。因此，智库机构确定其全球扩张战略，并在全球范围取得持续成功势在必行。

全球扩张战略制定过程当中一个关键性的因素是，了解新的民

---

① 参见 Feancesco Grillo. Think Tanks in the Global Marketplace of Ideas. *Opendemocracy*. 5 September 2001.

间社会规范和传统。全球智库尚在探索新的、未知的领域，这种情况下，它们必须深入了解其全球扩张的目标国家和地区的民间社会和政策制定框架。在新的海外地区，智库可能会面对完全不同的政策制定、政策影响构架以及社会团体和成员。在海外开展行动常常需要面对国家控制或限制下的媒体、不成熟的政治团体、税收制度和敌对政府。如果没有全球政治体系或者全球政治团体的帮助，智库机构将始终面临挑战，必须在每次进入一个新的海外地区时，重新从头学习相应的政策影响技巧，而这些技巧可能与之前的技巧或者理念截然不同。

2. 智库网络面临的全球挑战

学者们认为，所有政策网络面临的最为紧要的挑战之一都是如何完善其组织结构。政策网络的构架可以是平面、松散的组织形式，也可以是具有明确的领导核心和顾问团体的形式，但是无论采取哪种形式，网络建立者都必须从开始就通过制定适当的组织和成员结构，确立正确的网络运行规则。为了构建网络并运行，在确保成果产出的同时，确保过程的正确对网络来说始终是一个具有挑战性的重要目标。广泛的咨询和成员之间的讨论可以提高新建网络的合理性，同时使其具有一定的优势，特别是在起步阶段。不过，对成员意见的过分依赖也可能造成网络构建的滞后。

鉴于以上这些考虑，维持网络的有效运行规则可能存在困难。网络组织结构的问题在起步阶段之后便会转变为网络领导的问题，因为网络必须不断平衡全体成员的贡献与网络有效性和效率需求之间的关系。这是非常大的一个挑战，因为对于大多数成员而言，一个网络的成员资格所产生的效益必须大于其参与该网络的相关交易成本。

对于各个网络来说，一个很大的挑战是如何在成员之间合理地分配权力，如何在大家以共同的理想“发动”起一个网络之后，鼓励成员们“作幕后的领导”。总的来说，如何通过保持关系灵活，从而维持“构架的随意性”，同时保持组织结构，以维系该网络最初的理想和目标，这是对一个政策网络的领导者们最大的挑战。① 政策网络必须保持其作为一个利益攸关方的相关性，从而最大化实现每个成员的有效性，并鼓励网络共同的集体议程、研究和行动。网络通过形成一个总体大于局部之和的整体，从而获得其能力，维持其相关性。不过，这一点往往是说起来容易，做起来难。因为网络成员经常会因为面临内部议程问题，而使其偏离网络的宗旨。

因此，平衡资金和成员参与对于网络保持成功始终具有重要的意义。对于网络管理者们来说，确保充足的资金是他们必须承担且尤为复杂的一项任务。网络可以从其成员那里获得资金，但是这种做法可能会让组织自身承受太大的资金压力。如果成员觉得所产生的政策影响或者知识资源效益抵不上自己贡献的资金，那么这个网络就会涣散。如果一个网络选择不把资金压力放在自己的成员身上，而是更愿意通过建立一个松散、开放的构架，吸引尽可能多的成员，这种做法同样可能产生另一种风险：使其成员感觉自己得到的权力更小，从而缺乏投入网络活动的动力。如果这个网络的目的就是对话，那么问题还不大，但是如果目的是为了实现有效的政策影响或者政策实施，那么缺少成员的参与便是很大的问题了。网络本身的特点可能使其感觉不正规、缺乏效率，而确立目的和议程的咨询过程可能给人一种印象，觉得这个网络只是个“空谈会”。② 因此，必须注意获取资金的方式，以维护网络的可信度和可持续性。

资金问题一如既往地是任何组织机构的重大问题。对于政策网络而言，获取外部资金会成为尤为紧迫的挑战。除非这个网络是某一国际组织的子项目或者某一个成熟智库的子公司，否则政策网络从第三方获得运营资金时，可能会面临比智库机构还严峻的挑战。虽然政策网络因其特点就是针对具体项目的，在寻求项目资金时会更有优势，

---

① 参见 Stella Z Theodoulou. *Policy and Politics in Six Nations*：*A Comparative Perspective on Policy Making*. Pearson. 2001.

② 参见 Raymond J Struyk. Management of Transnational Think Tank Networks. *International Journal of Politics*，*Culture*，*and Society*. 2002 (4).

但是即便如此，投资方也依然会心存疑虑。如果一个资金捐赠方需要的是影响力，那么政策网络很难展示除了具体网络成员对某一政策讨论赞助或者网络成员的无形效益，诸如信息共享、建立合作和制定战略等之外的任何影响力。

此外还有一个挑战，跨国网络面临着十分强大的政治壁垒。在某些由专制政权控制的地区，机构之间更多的网络合作可能被视为对该国政权的威胁。这些国家政权对国内机构的压制可以阻碍这些国家的网络发展，成为建立真正全球化政策分析网络不可逾越的障碍。

（二）全球智库和智库网络面临的机遇分析

1. 全球智库机构面临的特殊机遇

学者们认为，虽然全球化的智库机构面临着诸多挑战，同时它们也面临着很多传统的、地区性智库所不具备的机遇。

一个颇为显著的机遇是提升项目资金的潜力。目前，开展国际项目的全球智库机构获得的大都是项目性资金或者咨询费，其来源可能是来自总部国家的捐赠者、目标国家的捐赠者，或者来自其他有兴趣的第三国机构。提供资金的动机是某种特定的兴趣或者特定的项目目标，因此获得资金的难度相对较小，就像国内智库机构获得针对具体任务的资金相对比较容易一样。如果捐赠者觉得自己的投入产生了实际的成果，那么很可能重复甚至持续投入资金。因此，国际项目可以拓宽利益投资方的投资基础和意向，为智库项目和议程提供资金，从而使智库机构的资金基础多样化，甚至可能在激烈的全球资金竞争中获得更加稳定的地位。来自乔治·索罗斯开放协会的私人机构的投资，以及世界银行等公共机构的投资，使得智库机构的扩张成为可能。其中最为活跃的捐赠者是带有意识形态动机的政党。很明显，这些资金并不是所有智库机构都能获得的，因为要想获得这样的财政资源，智库机构和资金提供者的观点和目标必须彼此契合，这就大大降低了有资格获取这些资金的智库的数目。因此，获得这些资金的机会不是随时都有，并且如果资金提供者的利益践踏了智库机构的实际目标，获得这样的资金还可能对智库机构带来负面影响。外国资金激励智库机构实现跨国的政策转让，但是运用这些资金可能涉及非常繁杂的官僚程序。这些程序不仅复杂，而且十分耗时，从而延迟跨国研究的资金到位。因此，在这种情况下，智库机构可能不得不由于低效率的官僚程序推迟甚至放弃其研究计划。

与前面讨论的资金可能对全球智库机构构成重大问题不同，资金压力也可以是良性的。智库机构要应对资金竞争问题，就要进一步加强其核心产品及其原创性、长期创意，这有利于其长期生存。① 从这一角度来讲，这些智库机构能够传播真正创新的观点和政策建议，因为激烈的资金竞争会淘汰低效率或者无效的方案，从而鼓励这些机构专注于自己具有特色的项目，并对其进行充分的开发。然而不幸的是，这一趋势也有其负面的影响，即可能鼓励智库机构关注可以用的办法，而不是全面发掘那些激进的观点和解决方案——也就是前面提到的"最佳实践暴政"，或者单纯地不敢对现状提出挑战。换言之，这样的环境会鼓励这些机构变得更加保守，担心激进的尝试因为风险太大、成本过高而不去追求。不过，这个问题本身也有其良性的一面。它可以刺激智库机构充分开发和全面检验每一个创新观点，而不是轻易推出一个存在局限或者有严重缺陷的观点。

此外，全球智库机构还具备条件，可以提高政策决策的精确度。这些机构可以充当信息收集者的角色，开展现场研究，为西方国家的政策制定者提供关于发展中国家政策问题的有力证据。这些信息的转移可以提高西方组织对发展中国家具体问题的认知和解决问题的能力。随着西方组织得到更加准确的事实和实际情况信息，它们就能提出更为准确的政策建议。基于政策制定者所获得的信息通常是在偏颇的角度下形成，因此这一点便显得更为重要。譬如，美国政策制定者一般都会从美国安全的角度理解和接受信息，这种做法

① 参见 Raymond J Struyk. Management of Transnational Think Tank Networks. *International Journal of Politics, Culture, and Society*. 2002 (4). pp. 626－638.

可能会误读或忽视很多在危机地区具有地区内在属性或文化背景的问题。这种情况通常是国家政治的产物，并不是美国一个国家所特有。然而，智库机构提供了一种可能性，即不带国别偏见地收集和分析信息，提炼出某些以国家安全视角思考问题的政策制定者可能会忽视或者误读的相关细节。

智库全球化的一个内在因素是建立和加强对发展中国家的研究能力。全球智库机构充当着西方机构和世界其他地区之间桥梁和纽带的作用。虽然前面提到的西方霸权问题依然存在，但是智库机构全球扩张为发展中国家参与政策决策过程提供了极好的机遇。传统的智库机构一直在努力向其他国家输出其运行模式。诸如城市研究所、传统基金会、赫德森研究所等机构，曾经向东欧和苏联推广了自己的政策分析手段。这些模式通常要在目标国家背景下进行解读，然后根据地区和文化要求进行改造和重组。因此，这种路线的混合和模糊现象不仅仅发生在西方机构的发展阶段，同时也发生在发展中国家，后者在接受这些重组后的传统模式后，将它们进行调整，以适应这些机构所属的地区、文化和社会环境，创造一个蓬勃的智库发展环境。

跨国智库通过建立海外全球中心进行扩张，这些跨国智库的海外中心接纳当地的研究人员和机构并与之合作，那么它们同时也充当了知识转移和专业研究的中转站。城市研究所和传统基金会已经建立了海外机构，作为其全球实体发展的一种形式。同时，如果智库机构采用的是建立国际研究者网络或成员网络的方式进行扩张，那么也可以起到提高发展中国家能力建设的作用。伍德罗·威尔逊国际学者中心和德国马歇尔基金会都为发展中国家和经济转型期的智库机构及研究人员提供了前往西方国家访问的机会。

这些访问学者可以在国外跟同行交流，从而获得具体的政策观点和提高本国机构功能的更加宽泛的思想。自然地，这一做法能够进一步帮助推进交融，这些学者们从国外带回了更加传统的西方模式的最佳特征和视角，进而将这些细节整合到本国的机构中。

信息时代的到来极大地扩大了机构和学者之间的合作范畴和相互

影响。借助技术进步，智库人员能够更加有效地开展跨国工作和交流，从而使得交流日常化。通过信息和建议的交流，全球智库机构能够为其成员和合作伙伴提供培训和能力建设。此外，信息交流还是双向的：政策建议和信息从全球智库向其不发达经济体的合作伙伴和成员单位转移的同时，来自合作伙伴、研究人员和成员单位的数据及当地信息也对全球智库的运行作出重要的贡献。

例如，德国马歇尔基金会是美国一家独立、无党派的公共政策和资金提供机构，旨在促进北美和欧洲之间的进一步合作与理解。马歇尔基金会以向其他公共政策研究机构和世界各地开发项目提供赞助而闻名于世。智库机构全球扩张的资金运行模式可以成为一种巨大的力量，一方面提高资金提供者的知名度和声誉；另一方面也提高接受资金（特别是在发展中国家）的组织及其社会团体的能力建设和政策分析水平。实践证明，马歇尔基金会在帮助很多发展中国家的民间社会团体成长方面取得了突出的成就，而这些成就都是双赢的。

随着基金会资金受益者不断发展成熟，马歇尔基金会的声誉和影响力也不断扩大，其熟悉和投资的机构成为基金会各类议题的喉舌。这种亲密和熟悉反过来使基金会获取更加准确的信息，同时它获得的政策建议很大程度上规避了外国机构混淆甚至曲解的干扰。

此外，向南半球的扩张也是可能的。在发展中国家，智库机构能够得到更好的基础和更多的当地支持，与此同时，开始发展由美国或者欧洲以外的组织机构倡议的地区性网络和行动。尽管面临挑战，这些南半球的倡议行动在促进政策转变和地区发展方面具有美国和欧洲领导的行动所不具备的优势，可以成为对美国和欧洲机构的制衡以及专业知识来源。数十年前，由于现有民间社会基础和自由制度的缺失，向南半球的扩张是不可能的事。更重要的一点是，当时没有广泛的、廉价的实时通信条件。随着互联网和其他通信手段使得哪怕是最小规模的机构都能够发布其观点、向其受众提供信息，这些南半球机构便可以在比以往更加广阔的地区推广它们的新方法。这种可能性使得这些组织机构能够探索与欧美机构截然不同的角度和观点，是建立南半球引领扩张的一个重要因素，有利于其推广与欧美智库完全不同的激进和创新的理念及观点。

其他的机遇还包括提高合法性和政策实力。通过提高其作为国际理念管理者和国际理念经纪人的角色，智库机构也可以获得全球性的声誉，从而进一步强化其海外中心和总部国家对政策的影响力。塑造一个全球专家的形象，这是非常有利可图的做法。因为这样，会对那些在自己不熟悉的领域或者知识匮乏方面寻求政策建议的政策制定者们产生很大的吸引力。譬如，美国的政策制定者在没法了解东欧地区冲突时，就可能在这一地区已经建立了分支机构，并且向在这一地区具有相当专家声誉的智库机构求助。同样，该地区的政策制定者们也可能向这一智库机构求助，以便更好地了解美国的政策和决定。这一双向性使得这个智库机构能够在两边都取得重要的地位。这个智库机构建立的国际理念管理和经纪人的形象越好，那么各种参与政策制定的部门向其寻求帮助的可能性也就越大。

最后，全球智库机构还能够进一步促进发展中国家教育和学习的国际化。这一能力具有重要和长期的意义和内涵。随着这个世界相互联系的不断增加，当今很多最紧迫的问题都是由许多来自不同的专业背景的学者和研究人员进行分析和应对的。以哥伦比亚大学为例，该大学正在全球兴建 6～8 个研究中心。目前正在开办的两个国际研究中心分别位于中国北京和约旦阿曼，这些中心使该大学的员工和学生能够与当地机构合作开展重要的研究工作。①

2. 智库网络所面临的机遇

对于任何结构上独立的政策网络而言，灵活性是其一个关键的要素，这种灵活性对多方都具有吸引力。政策网络的灵活性意味着其组织结构可以包含各种来自不同学科和部门的部分。因此，网络的最主要优势在于其多样性，而不是统一。如果网络体制化，退化

---

① 参见 Aisha Labi. Columbia U. Opens First2 International Research Centers. *The Chronicle of High Education*. 20 March 2009.

为另一种形式的官僚体制，那么和传统官僚体系相比就丧失了自己的优势。①

学者们认为，多元化的分析可以形成有效的解决方案。网络成员提供的不同政策分析可以对全球性政策问题形成创新、有效的解决方案，这些政策分析需要不同地区的、具有不同功能和取向的机构参与并提供意见。具备一系列多样、多元化的特征，常常可以产生创新的观点。所拥有的观点越独特，那么其得出的观点或者建议也就越可能具备该地区重要的文化和社会要素，这使得政策网络在其他更加统一、历史悠久的西方观点很可能会失败的地方取得成功。吸收一系列广泛的观点和元素，可以积累形成独特的知识体系，从而建立更好的知识基础，并借此形成独特、创新的政策建议和方案。

根据政策网络的特点，它们对当前热点问题更有帮助。当今世界，几乎所有事情都是实时发生的，因此常常需要几乎是立即的回馈，而政策网络快速传播信息和观点的能力就具有非常高的价值。政策网络可以充当“议题网络”的作用，针对具体的急迫政策问题，协助多个攸关方、国际组织和有兴趣的国家分享观点。网络在建立时间方面比智库机构更具有优势，它们能够针对具体议程的要点进行有效的政策分析。因此，网络具有更大的潜力能获得认可，尤其是当政府和国际组织因效率太低以致无法解决当前紧要问题时。②

全球政策网络的资金筹措是一个非常重要的方面。与汇聚各种视角和知识体系，从而建立更加成熟、全面的知识基础一样，集中众多不同的攸关方可以扩大网络的资源范畴和总量，可被网络用于推进其发展议程。建立海外的机构、民间社会和政府之间的联系，最终可以帮助网络汇聚财政资源，解决全球议程中的这些问题。③ 以公共商品

---

① 参见 Thorsten Benner，Wolfgang Reinicke，Jan Witte. Beyond Multilateralism：Global Public Policy Networks. *International Politics and Society*. 2000（2）. p. 4.

② 参见 Diana Stone. Transfer Agents and Global Networks in the “Transnatonaliztion” of Policy. *Journal of European Public Policy*. 2004（3）. pp. 545—566.

③ 参见 Julie Kosterlitz. Going Global. *National Journal*. 29 September 2007. p. 67.

问题为例，一个攸关方单独可能没有能力或者意愿提供资金，以资助对某一个全球政策问题的研究。然而，如果把多个攸关方集合成一个网络，那么就可能将其资金和专业资源有效地集中到一起，从而解决全球问题。[①]

① 参见〔美〕詹姆斯·麦甘恩、理查德·萨巴蒂尼著，韩雪、王小文译：《全球智库：政策网络与治理》，上海交通大学出版社2015年版，第112—130页。

主要参考文献

英文参考文献

［1］ Aisha Labi. Columbia U. Opens First 2 International Research Centers. *The Chronicle of High Education*. 2009.

［2］ Alan Day. *Think Tanks，an International Directory*. Harlow，Essex：Longman. 1993.

［3］ Andrew Rich. *Think Tanks，Public Policy，and the Politics of Expertise*. Cambridge：Cambridge University Press. 2011.

［4］ Anthony Bertelli，Jeffrey Wenger. Demanding Information：Think Tanks and the US Congress. *British Journal of Political Science*. 2008.

［5］ Arthur Meier Schlesinger. *The Imperial Presidency*. Houghton Mifflin Company. 1973.

［6］ Arthur S Link，Richard L McCormick. *Progressivism*. Harlan Davidson. 1983.

［7］ Barbara Hinckley. *Less Than Meets the Eye：Foreign Policy Making and the Myth of the Assertive Congress*. The university of Chicago Press. 1994.

［8］ Barry Naughton. China's Economic Think Tanks：Their Changing Role in the 1990s. *The China Quarterly*. 2002（171）.

[9] Boucher S, D Cattaneo (et al.) Europe and its Think Tanks: a Promise to be Fulfilled. *An Analysis of Think Tanks Specialized in European Policy Issues in the Enlarged European Union, Studies and Research*. 2004 (35). Paris: NotreEurope.

[10] Bruce K MacLaury. A License to Speak. *The Brookings Review*. 1995 (13).

[11] C Hamilton, S Maddison (eds). *Silencing Dissent: How the Australian Government is Controlling PublicOpinion and Stifling Debate*. Crows Nest. NSW: Allen and Unwin. 2007.

[12] Charles E Morrison. Introduction: The Rise of International Policy Institutions. *in International Policy Institutions Around the Pacific Rim: A Directory of Resources in East Asia, Australasia, and the Americas*, Compiled by Ramon Bahamonde, Boulder and London: Lynne Rienner Publisher. 1998.

[13] Charlotte Streck. Global Public Policy Network, International Organizations and International Environmental Governance. *The Road to Earth Summit*. 2002 (20), April 2001.

[14] Charlotte Streck. The Role of Global Public Policy Networks in Supporting Institutions: Implications for Trade and Sustainable Development. *Institute for International and European Policy*. 2009.

[15] CIPE. *Improving Public Policy in the Middle East and North Africa: Institution Building for Think Tanks*. Washington DC: Centre for International Private Enterprise. 1997.

[16] D Stone. Introduction: Think-tanks, Policy Advice and Governance, in D. Stone and A. Denham (eds). *Think-tanks Traditions. PolicyResearch and the Politics of Ideas*. Manchester University Press. 2004a.

[17] D Stone, A Denham, M Garnett. *Think Tanks across Nations: A Comparative Approach*. Manchester: Manchester University

Press. 1998.

[18] D Stone. Recycling Bins, Garbage Cans or Think—tanks? Three Myths Regarding Policy AnalysisInstitutes. *Public Administration*. 2007 (20).

[19] David D Newsom. *The Public Dimension of Foreign Policy*. Bloomington: Indiana University Press. 1996.

[20] Diana Stone. Transfer Agents and Global Networks in the "Transnatonaliztion" of Policy. *Journal of European Public Policy*. 2004 (3).

[21] Diane Stone, Andrew Denham. *Think Tank Traditions: Policy Analysis across Nations*. New York: Manchester University Press. 2004.

[22] Diane Stone. Recycling Bins, Garbage Cans or Think Tanks? Three Myths Regarding Policy Analysis Institutes. *Public Administration*. 2007.

[23] Diane Stone, Andrew Denham, Mark Garnett (eds). *Think Tanks Across Nations: A Comparative Approach*. Manchester: Manchester University Press. 1998.

[24] Diane Stone. Global Public Policy, Transnational Policy Communities and Their Networks. *Policy Studies Journal*. 2008.

[25] Diane Stone. The New Networks of Knowledge: Think Tanks and the Transnationalization of Governance. *The Social Science Research Council*. 2008.

[26] Diane Stone. The Policy Roles of Think Tanks in Global Governance, in Karsten Ronit, Volker Schneider (eds.). *Private Organisations, Governance and Global Politics*. London: Routledge. 2000.

[27] Diane Stone. Think Tank Transnationalisation and Non-profit Analysis, Advice and Advocacy. *Global Society*. 2000 (2).

[28] Diane Stone. Think Tanks Across Nations: The Networks of

Knowledge. *NIRA Review*. 2000.

[29] Diane Stone. Introduction: Think Tanks, Policy Advice and Governance, in Diane Stone and Andrew Denham (eds). *Think Tank Traditions: Policy Research and the Politics of Ideas*. Manchester: Manchester University Press. 2004. pp. 1—16.

[30] Donald E Abelson. Think Tanks and U. S. Foreign Policy: An Historical Perspective. U. S. Foreign Policy Agenda, an Electronic Journal of the U. S. Department of State. 2002.

[31] Donald E Abelson. *Do Think Tanks Matter? Assessing the Impact of Public Policy Institute*. Montreal: McGill-Queen's University Press. 2010.

[32] The Good Think Tank Guide. *Economist*. 1992 (321).

[33] Enrique Mendizabal. This Year, Instead of Ranking Think Tanks Let Think about Them More Carefully. 2012.

[34] Feancesco Grillo. Think Tanks in the Global Marketplace of Ideas. *Open democracy*. 5 September 2001.

[35] G William Domhoff. The Power Elite and the State: How Policy Is Made in America. *Aldine De Gruyter*. 1990.

[36] G Tsebelis. Veto Players and Institutional Analysis. *Governance*. 2000 (4).

[37] Goran Buldioski. Mirror, Mirror on the Wall... Tell Me Who is the Best Think Tank in the World? 2011. http: //goranspolicy. com/mirror-mirror-wall-tank-world/.

[38] Hartwig Pautz. Revisiting the think-tank phenomenon. *Public Policy & Administration*. 2011 (26).

[39] Herbert London. Hudson Institute, in James McGann. *Think Tanks and Policy Advice in the United States*. Routledge. 2007.

[40] Inge Kaul, Isabelle Grunberg, Mare A Stern. *Global Public Goods: International Cooperation in the 21st century*. New York: Oxford

University Press. 1999.

[41] James A Baker III, Lee H Hamilton Co-Chairs. *The Iraq Study Group Report*, *The Way Forward-A New Approach*. New York: Vintage Books. 2006.

[42] James Allen Smith. *The Idea Brokers*: *Think Tanks and the Rise of the New Policy Elite*. The Free Press. 1991.

[43] James G McGann, R Kent Weaver. *Think Tanks and Civil Societies*: *Catalysts for Ideas and Action*. New Brunswick: Transaction Publisher. 2000.

[44] James G McGann. Catalysis for Ideas and Actions. *Foreign Policy*. *Spring* 1998.

[45] James G McGann. Academics to Ideologues: A Brief History of the Public Policy Research Industry. *Political Science and Politics*, 1992 (4).

[46] James G McGann. Global Trends in Think Tank Impact. Think Tanks and Civil Societies Program. Foreign Policy Research Institute, Philadelphia, 2008.

[47] James G McGann. Think Tanks and Civil Societies 2006 Survey. University of Pennsylvania. 2006.

[48] James G McGann. Think Tanks and the Transnationalizalion of Foreign Policy, in The Role of Think Tanks in U. S. Foreign Policy—U. S. Foreign Policy Genda, an Electronic Journal of the U. S. Department of State, 2002.

[49] James G McGann. 2012 Global Go to Think Tanks Report and Policy Advice. 2013. January. http://repository. upenn. edu/cgi/viewcontent. Cicatricle=1006&context=think-tank's.

[50] James G McGann. 2013 Global Go to Think Tanks Index Report, 2013.

[51] James G McGann, Richard Sabatini. Global Think Tanks:

Policy Networks and Governance. Routledge. 2009.

[52] John B Judis. The Japanese Megaphone: Foreign Influences on Foreign Policy making. *The New Republic*. 1990 (1).

[53] John J Hamre. The Constructive Role of Think Tanks in the Twenty-first Century. *Asia-Pacific Review*. 2008 (2).

[54] John W Langford, K Lorne Brownsey (eds). *Think Tanks and Governance in the Asia-Pacific Region*. Halifax, Nova Scotia: The Institute for Research on Public Policy. 1991.

[55] John W Kingdon. *Agendas, Alternatives, Public Policies*. Pearson. 2010.

[56] Joseph Fewsmith. *Dilemmas of Reform: Political Conflict and Economic Debate* Armonk. NY: M. E. Sharpe, 1994; Barry Naughton, *Growing Out of the Plan: Chinese Economic Reform, 1978—1993*. New York: Cambridge Unversity Press. 1995.

[57] Julie Kosterlitz. Going Global. *National Journal*. 2007.

[58] Juliette Ebele, Stephen Boucher. Think Tanks in Central Europe. Freedom House.

[59] Kent Weaver. The Changing World of Think Tanks. *Political Science and Politics*. 1989 (3).

[60] Kuntz Fred. Communications and Impact Metrics for Think Tanks, Centre for International Governance Innovation, 2013. http://www.cigionline.org/blogs/tank-treads/communications-and-impact-metrics-think-tanks.

[61] Law J, Whit Taker J. Mapping acidification research: A test of the co-ward method. *Scientomctrics*. 1992, 23 (3).

[62] Leslie Pal. *Public Policy Analysis: An Introduction*. Toronto: Methuen Press. 1987.

[63] Margaret Keck, Kathryn Sikkink. *Activists Beyond Borders: Advocacy Networks in International Politics* Ithaca. N. Y.:

Cornell University Press. 1998.

[64] Mark Gerzon，Dale Pfeifer. Even Report：Global Leadership Consortium. East West Institute.

[65] Murray Scot Tanner. Changing Windows on a Changing China：The Evolving "Think Tank" System and the Case of the Public Security Sector. *The China Quarterly*. 2002 (171).

[66] Murray Weidenbaum. Measuring the Influence of Think Tanks. *Society*，2010，47 (2).

[67] Murray Weidenbaum. Measuring the Influence of Think Tanks. *Society*，2010，47 (2).

[68] Peter Grose. *Continuing the Inquiry*：*The Council on Foreign Relations from* 1921 to 1996. Council on Foreign Relations Press. 2006.

[69] R A Dahl. *Modern Political Analysis* (*5th edition*)，New Jersey：Englewood Cliffs. 1991.

[70] R Scruton，*A Dictionary of Political Thought*. The Macmillan Press. 1982.

[71] R Desai. Neoliberalism and Cultural Nationalism. A Danse Macabre，in D Plehwe，B Walpen，G Neunhfiffer (eds). *Neoliberal Hegemony*：*A Global Critique*. London：Routledge. 2006.

[72] Raymond J Struyk. Management of Transnational Think Tank Networks. *International Journal of Politics*，*Culture*，*and Society*. 2002 (4).

[73] Rich Andrew，R Kent Weaver. Advocates and Analysts：Think Tanks and the Politicization of Expertise in Allan J Cigler，Burdett A Loomis (eds). *Interest Groups Politics*. 3d ed. Washington，DC：CQ Press. 1998.

[74] Rich Andrew. Perceptions of Think Tanks in American Politics：A Survey of Congressional Staff and Journalists. *Burson Marstel-*

lar Worldwide Report. 1997.

[75] Sherrington Philippa. Shaping the Policy Agenda: Think Tank Activity in the European Union. *Global Society*. 2000, 14 (12).

[76] Simon James. The Idea Brokers: The Impact of Think Tanks On British Government. *Public Administration*. 1993, 71 (4).

[77] Stella Z Theodoulou. *Policy and Politics in Six Nations: A Comparative Perspective on Policy Making*. Pearson. 2001.

[78] Stephen D Krasner. *Defending the National Interest: Raw Materials Investments and U. S. Foreign Policy*. Princeton University Press. 1978.

[79] Thomas Medvetz. "Public Policy is Like Having a Vaudeville Act": Languages of Duty and Difference among Think Tank-Affiliated Policy Experts. *Qualitative Sociology*. 2010 (4).

[80] Thorsten Benner, Wolfgang Reinicke, Jan Witte. Beyond Multilateralism: Global Public Policy Networks. *International Politics and Society*. 2000 (2).

[81] Vinkler Peter. *The evaluation of research by scientometric indicators*. Cambridge New Delh: I Chandos Publishing. 2010.

[82] William Donald Coleman, Grace Darlene Skogstad. *Policy Communities and Public Policy in Canada: A Structural Approach*. Copp Clark Pitman. 1990.

[83] William Wallace. Between two worlds: Think-tanks and foreign policy, in Christopher Hill and Pamela Beshoff (eds). *Two Worlds of international Relations*. London and New York: Routledge. 1994.

[84] Wolfgang H. Reinicke. The Other world Wide Web: Global Public Policy Networks. *Foreign Policy*. 2000 (117).

[85] Yehezke Dror. Required Breakthroughs in Think Tanks. *Policy Sciences*. 1984 (16).

[86] Zhu Xufeng, XueLan. Think Tanks In Transitional China. *Public Administration and Development*. 2007 (27).

中文参考文献

[1]〔美〕安德鲁·里奇著，潘羽辉等译：《智库、公共政策和专家治策的政治学》，上海社会科学院出版社 2010 年版。

[2] 陈悦：《创新管理知识图谱》，人民出版社 2014 年版。

[3]〔日〕村松佑次著，中国科学院哲学社会科学部学术资料研究室译：《外国对中国的研究》，商务印书馆 1966 年版。

[4]〔美〕戴维·杜鲁门著，陈尧译：《政治过程——政治利益与公共舆论》，天津人民出版社 2005 年版。

[5]〔德〕蒂纳特：《德国的思想库》，《国外社会科学》2005 年第 1 期。

[6] 范柏乃、蓝志勇：《公共管理研究与定量分析方法》，科学出版社 2008 年版。

[7] 房宁：《一个没有学生的“大学”——智库类型和组织形态》，《中国社会科学报》第 310 期，2012 年 5 月 30 日。

[8] 侯经川、赵蓉英：《国外思想库的产生发展及其对政府决策的支持》，《图书情报知识》2003 年第 5 期。

[9] 黄晓斌：《计算机引文分析的新发展》，《情报学报》2006 年第 3 期。

[10] 纪忠慧：《美国思想库的舆论扩散》，《国际关系学院学报》2008 年第 2 期。

[11] 金芳、孙震海、国锋等：《西方学者论智库》，上海社会科学院出版社 2010 年版。

[12] 李安方、王晓娟、张屹峰：《中国智库竞争力建设方略》，上海社会科学院出版社 2010 年版。

[13]〔美〕理查德·哈斯：《思想库与美国的外交政策：一个决策

者的观点》，《国际论坛》2003 年第 11 期。

[14] 利登：《美国思想库指南》，《国外社会科学》1987 年第 10 期。

[15] 梁秀娟：《科学知识图谱研究综述》，《图书馆杂志》2009 年第 6 期。

[16] 林聚任：《社会网络分析：理论、方法与应用》，北京师范大学出版社 2009 年版。

[17] 刘启元、叶鹰：《文献题录信息挖掘方法及其软件 SATI 的实现》，《信息资源管理学报》2012 年第 1 期。

[18] 刘长敏：《美国社会的高级智囊——兰德公司》，《政府法制》1998 年第 9 期。

[19]〔德〕帕瑞克·克勒纳：《智库概念界定和评价排名：亟待探求的命题》，《中国行政管理》2014 年第 5 期。

[20] 邱均平：《信息计量学》，武汉大学出版社 2007 年版。

[21] 邱伟、吕其昌：《试论全球化进程中的思想库》，《国际论坛》2004 年第 1 期。

[22] 任晓：《“第五种权力”——决策背后的那些世界级智库》，《文汇报》2016 年 1 月 15 日。

[23] 任晓：《第五种权力：论智库》，北京大学出版社 2015 年版。

[24] 日本综合开发研究机构编：《事典：90 年代日本的课题》，经济管理出版社 1989 年版。

[25] 沈鑫、冯清云：《东盟第二轨道外交智库——东盟战略与国际问题研究所的缘起、成就与挑战》，《东南亚纵横》2011 年第 5 期。

[26] 孙春玲：《德国的智狼团》，《国际资料信息》2000 年第 12 期。

[27] 腾培圣、李爱华：《国际政治关系中的“第二轨道”析论》，《山东师范大学学报（人文社会科学版）》2005 年第 2 期。

[28]〔美〕托马斯·戴伊著，张维等译：《谁掌管美国：里根时代》，世界知识出版社 1985 年版。

[29] 王春法、张国春：《美国思想库的运行机制及其启示》，《民主与科学》2004 年第 3 期。

[30] 王辉耀、苗绿：《大国智库　智刃无锋　何以大国争锋》，人民出版社 2014 年版。

[31] 吴寄南：《浅谈智库在日本外交决策中的作用》，《日本学刊》2008 年第 3 期。

[32] 谢彩霞、梁立明、王文辉：《我国纳米科技论文关键词共现分析》，《情报杂志》2005 年第 3 期。

[33] 徐之先、刘挹林：《日本的脑库（修订本）》，时事出版社 1989 年版。

[34] 于青：《为东亚发展献计献策——访东亚·东盟经济研究中心秘书长西村英俊》，《人民日报》2009 年 2 月 23 日。

[35] 袁鹏：《美国思想库：概念及起源》，《国际资料信息》，2002 年第 10 期。

[36]〔美〕约翰·桑顿：《思想库的核心价值是什么?》，王莉丽：《旋转门——美国思想库研究》，国家行政学院出版社 2010 年版。

[37]〔美〕詹姆斯·麦甘恩、理查德·萨巴蒂尼著，韩雪、王小文译：《全球智库：政策网络与治理》，上海交通大学出版社 2015 年版。

[38] 张静怡：《世界著名思想库——美国兰德公司、伦敦国际战略研究所等见闻》，军事科学出版社 1985 年版。

[39] 张文彤：《SPSS 统计分析高级教程》，高等教育出版社 2004 年版。

[40] 张新霞：《英国思想库在公共政策形成过程中的作用》，《石家庄学院学报》2009 年第 1 期。

[41] 中国现代国际关系研究所：《美国思想库及其对华倾向》，时事出版社 2003 年版。

[42] 朱旭峰、苏钰：《西方思想库对公共政策的影响力——基于社会结构的影响力分析框架构建》，《世界经济与政治》2004 年第 12 期。

[43] 朱旭峰：《国际思想库网络：基于“二规国际机制”模型的理论建构与实证研究》，《世界政治与经济》2007 年第 5 期。